高等职业教育"十三五"系列教材

汽车发动机
电控系统构造与检修

唐晓丹 主 编
袁春华 张海龙 副主编
洪永楠 主 审

人民交通出版社股份有限公司
北京

内 容 提 要

本书是高等职业教育"十三五"系列教材,主要内容包括认识发动机电控系统、电控燃油喷射系统构造与检修、电控点火系统构造与检修、辅助控制系统构造与检修和发动机电控系统故障诊断与检修,共5个项目。

本书可作为高等职业院校汽车类相关专业的教学用书,也可作为各类与汽车维修相关的职业培训用书。

图书在版编目(CIP)数据

汽车发动机电控系统构造与检修/唐晓丹主编.—北京:人民交通出版社股份有限公司,2020.7

ISBN 978-7-114-16601-3

Ⅰ.①汽… Ⅱ.①唐… Ⅲ.①汽车—发动机—电子系统—控制系统—构造—高等职业教育—教材②汽车—发动机—电子系统—控制系统—检修—高等职业教育—教材 Ⅳ.①U464.03②U472.43

中国版本图书馆 CIP 数据核字(2020)第 092488 号

书　　名:	汽车发动机电控系统构造与检修
著　作　者:	唐晓丹
责任编辑:	时　旭
责任校对:	孙国靖　魏佳宁
责任印制:	刘高彤
出版发行:	人民交通出版社股份有限公司
地　　址:	(100011)北京市朝阳区安定门外外馆斜街 3 号
网　　址:	http://www.ccpcl.com.cn
销售电话:	(010)59757973
总　经　销:	人民交通出版社股份有限公司发行部
经　　销:	各地新华书店
印　　刷:	北京虎彩文化传播有限公司
开　　本:	787×1092　1/16
印　　张:	12.75
字　　数:	287 千
版　　次:	2020 年 7 月　第 1 版
印　　次:	2022 年 12 月　第 2 次印刷
书　　号:	ISBN 978-7-114-16601-3
定　　价:	35.00 元

(有印刷、装订质量问题的图书,由本公司负责调换)

前 言

随着发动机电控系统的不断发展和更新,从事汽车技术服务的相关人员急需了解目前应用在汽车上的发动机电控系统的相关技术知识。为了让广大从事汽车技术服务行业的技术人员以及从事汽车相关专业的教学人员和广大汽车爱好者能够系统地掌握汽车发动机电控系统知识,特编写了此书。

本书依据"以行业需求为导向、以能力为本位"的职业教育理念为指导,本着理论够用并体现当前发动机电控系统的特点,按照职业教育的特点进行编写。全书主要内容包括认识发动机电控系统、电控燃油喷射系统构造与检修、电控点火系统构造与检修、辅助控制系统构造与检修和发动机电控系统故障诊断与检修。

本书采取学习领域课程结构和学习情境教学方式,以具体的生产工作任务为载体,对传统的专业课程内容进行重构。通过学习情境描述、生产任务布置、相关知识教学、学生课堂讨论、相关技能教学、学生小组工作、拓展知识教学等环节,系统学习汽车发动机电控系统的结构、原理和检修技术。

本书由上海科学技术职业学院唐晓丹担任主编,袁春华、张海龙担任副主编。汽车维修大师工作室汽车维修大师洪永楠老师担任主审。

限于编者经历和水平,书中难免有疏漏和错误之处,恳请广大读者提出宝贵建议,以便进一步修改和完善。

编 者
2020 年 3 月

目 录
MULU

项目一　认识发动机电控系统 ·· 1
　学习情境 ·· 1
　生产任务　发动机电控系统常用检测设备的使用 ·························· 1
　相关知识 ·· 2
　　1.1　发动机电控系统概述 ·· 2
　　1.2　发动机电控系统常用的检测设备 ······································· 7
　课堂讨论 ··· 14
　相关技能 ··· 14
　　1.3　发动机电控系统常用检测设备的使用 ······························ 14
　小组工作 ··· 26
　思考题 ·· 26

项目二　电控燃油喷射系统构造与检修 ···································· 27
　　学习情境 ·· 27
　　生产任务　电控燃油喷射系统工作不良故障检修 ····················· 27
　　相关知识 ·· 28
　　　2.1　电控燃油喷射系统概述 ··· 28
　　　2.2　电控燃油喷射系统主要部件的结构和工作原理 ··············· 34
　　课堂讨论 ·· 61
　　相关技能 ·· 61
　　　2.3　电控燃油喷射系统的检修 ·· 61
　　小组工作 ··· 101
　　思考题 ·· 101

项目三　电控点火系统构造与检修 ·· 102
　　学习情境 ·· 102

生产任务　汽车发动机电控点火系统失效故障检修 …………………………………… 102
相关知识 …………………………………………………………………………………… 103
　3.1　电控点火系统概述 ……………………………………………………………… 103
　3.2　电控点火系统主要部件的结构和工作原理 …………………………………… 110
课堂讨论 …………………………………………………………………………………… 114
相关技能 …………………………………………………………………………………… 114
　3.3　电控点火系统的检修 …………………………………………………………… 114
小组工作 …………………………………………………………………………………… 126
思考题 ……………………………………………………………………………………… 127

项目四　辅助控制系统构造与检修 …………………………………………………… 128
学习情境 …………………………………………………………………………………… 128
生产任务　发动机辅助控制系统失效故障检修 ………………………………………… 128
相关知识 …………………………………………………………………………………… 129
　4.1　辅助控制系统的结构和工作原理 ……………………………………………… 129
课堂讨论 …………………………………………………………………………………… 163
相关技能 …………………………………………………………………………………… 163
　4.2　辅助控制系统的检修 …………………………………………………………… 163
小组工作 …………………………………………………………………………………… 184
思考题 ……………………………………………………………………………………… 185

项目五　发动机电控系统故障诊断与检修 …………………………………………… 186
学习情境 …………………………………………………………………………………… 186
相关知识 …………………………………………………………………………………… 186
　5.1　故障自诊断系统和随车诊断系统 ……………………………………………… 186
　5.2　发动机电控系统故障诊断与检修方法 ………………………………………… 190
思考题 ……………………………………………………………………………………… 196

参考文献 ………………………………………………………………………………… 197

项目一 认识发动机电控系统

学习情境

初入职的修理工被分配到机电维修组,维修组长通过询问,感觉修理工对发动机电控系统知识有所欠缺,尤其对发动机电控系统常用检测设备的使用方法不是完全了解,于是决定对修理工在发动机电控系统基础知识和使用发动机电控系统常用检测设备的方法方面进行培训。

生产任务 发动机电控系统常用检测设备的使用

1) 工作对象

待检修的迈腾乘用车 1 台。

2) 工作内容

(1) 领取所需的工具,做好工作准备。

(2) 使用常用检测设备对故障车的主要零部件进行检测,并分析检测结果。

(3) 检查、评价工作质量。

(4) 整理工具,清洁工作场地。

3) 工作目标与要求

(1) 学生应以小组工作的方式,完成本项工作任务。

(2) 学生应能在小组成员的配合下,利用汽车维修手册(或实训指导书)制订并实施工作计划。

(3) 能通过阅读资料和现场观察,辨别所检修发动机电控系统的控制方式。

(4) 能认识所检修发动机电控系统的零部件,表述发动机电控系统的工作原理和各主要部件的作用。

(5) 能按规范的步骤,使用常用检测设备对故障车的主要零部件进行检测,并分析检测结果。

(6) 在工作过程中,注意工作安全,做好废料的处理,保持工作环境整洁。

1.1 发动机电控系统概述

1.1.1 发动机电控系统对发动机性能的影响

现代汽车发动机电控系统在发动机上的应用,使得发动机的性能得以很大改善,主要体现在以下几个方面。

1) 提高了发动机的动力性

电控燃油喷射系统的应用使进气阻力减小;进气增压控制系统的应用,提高了充气效率,并且使进入汽缸的空气得到了充分利用,从而提高了发动机的动力性。

2) 提高了发动机的燃油经济性

在各种运行工况和运行环境下,发动机电控系统均能精确控制发动机工作所需的混合气浓度,使混合气燃烧更完全、燃油利用更充分,从而提高了发动机的燃油经济性。

3) 降低了发动机的排放污染

发动机电控系统对发动机在各种运行工况和运行环境下进行了优化控制,提高了燃烧质量,同时各种排放控制系统在汽车上的应用,使发动机的排放污染大大降低。

4) 改善了发动机的起动性能

在发动机起动和暖机过程中,发动机电控系统能够根据发动机温度的变化对进气量和供油量进行精确控制,从而保证发动机顺利起动和平稳经过暖机过程,可明显改善发动机的低温起动性能和热机运转性能。

5) 改善了发动机的加速和减速性能

在加速或减速运行的过渡工况下,发动机电子控制单元(ECU)的高速处理功能使发动机电控系统能够迅速响应,使汽车加速或减速反应更为灵敏。

6) 降低了发动机的故障发生率

发动机电控系统对发动机各种运行工况的优化控制及其自身的不断完善,使发动机的故障发生率大大降低。自诊断与报警系统的应用,提高了故障诊断的速度和准确性,缩短了汽车因发动机故障而停驶的时间。

1.1.2 发动机电控系统的功能

发动机电控系统的主要功能是根据各种传感器的信号控制发动机的燃油喷射和点火,同时还具有怠速控制、排放控制、进气增压控制、冷却强度控制、能量控制、巡航控制、自诊断控制、失效保护控制以及应急控制等许多辅助控制功能。

1)燃油喷射控制

燃油喷射控制是指ECU根据进气量控制基本喷油量,然后根据其他传感器对喷油量进行修正,使发动机在各种工况下都获得最佳浓度的混合气。此外,燃油喷射控制还包括喷油正时控制、断油控制以及电动燃油泵控制功能。

2)点火控制

点火控制是指ECU根据发动机转速和位置信号控制基本点火提前角,然后根据其他传感器对点火提前角进行修正,使发动机在各种工况条件下都能获得最佳点火提前角,从而改善发动机的燃烧过程,以实现提高发动机动力性、燃油经济性和降低排放污染的目的。此外,电控点火系统还具有通电时间控制和爆震控制功能。

3)怠速控制

怠速控制是指发动机在怠速工况下,根据发动机冷却液温度、空调压缩机是否工作、变速器是否挂入挡位等,通过节气门或怠速控制阀对发动机的进气量进行控制,使发动机随时以最佳怠速运转。

4)排放控制

排放控制包括燃油蒸气控制、三元催化转化控制、废气再循环控制、二次空气喷射控制、曲轴箱强制通风控制等。排放控制的目的是减少发动机排气对环境造成的污染。

5)进气增压控制

进气增压控制是对发动机进气增压装置的工作进行控制。在装有废气涡轮增压装置的汽车上,ECU根据检测到的进气管压力对进气增加装置进行控制,从而控制进气增压的强度,以达到控制进气压力、提高发动机动力性和燃油经济性的目的。

6)冷却强度控制

冷却强度控制是指发动机电控系统可以根据发动机对负荷的要求,控制发动机按不同的工作温度进行工作,该控制功能可通过控制特性曲线节温器及电动冷却液泵等部件实现发动机不同的冷却模式。

7)能量控制

具有能量控制功能的发动机电控系统可以通过调节发电机的工作状况以及蓄电池的充电状态来实现能量系统的平衡,当识别到整个系统能量严重不足时,通过关闭一些较大功率的用电器以保持整个系统能量状态。此功能可通过安装蓄电池传感器来监控车辆能量状况的变化情况。

8)巡航控制

驾驶人设定巡航控制模式后,ECU根据汽车运行工况和运行环境信息自动控制发动机工作,使汽车自动维持定车速行驶。

9)自诊断控制

自诊断控制是指发动机电控系统具有自我诊断能力,可对发动机电控系统工作情况进行监控。当识别到发动机电控系统有故障时,仪表板上的故障指示灯会发出警报,以提示驾驶人发动机有故障,并存储故障代码。车辆在维修时,维修人员通过一定操作程序(有些需借助专用设备)可将故障代码调出,进行有针对性的检查。

10)失效保护控制

在发动机电控系统中,当自诊断系统判定某传感器或其电路出现故障(即失效)时,失效保护控制便进入工作状态,给 ECU 提供设定的目标信号来代替故障信号,以保持发动机电控系统继续工作,确保发动机仍能继续运转。

11)应急控制

当 ECU 或少数重要的传感器出现故障、车辆无法行驶时,应急控制功能可以让 ECU 将燃油喷射和点火控制在设定的水平上,作为一种备用功能使汽车能维持基本行驶,以便将汽车开至最近的维修站或适宜的地方。

1.1.3 发动机电控系统的控制方式

发动机电控系统按控制方式的不同,可分为开环控制方式和闭环控制方式两种。

1)开环控制方式

发动机电控系统的开环控制方式是指 ECU 只根据各传感器信号对执行元件进行控制,而控制的结果是否达到预期目标,ECU 没有监控,在发动机电控系统的输出端与输入端之间不存在反馈回路,如图 1-1 所示。开环控制方式比较简单,但发动机电控系统出现扰动时,控制精度会降低。

图 1-1 开环控制方式

2)闭环控制方式

在发动机电控系统的输出端与输入端之间存在反馈回路,ECU 对输出量的结果是否达到预期进行监控,称为闭环控制方式,如图 1-2 所示。发动机电控系统的闭环控制方式能根据反馈信号对其控制误差进行修正,所以闭环控制方式的控制精度比开环控制方式高。在发动机电控系统中,空燃比反馈控制、爆震控制、进气增压控制及点火提前角反馈控制等都采用了闭环控制方式。

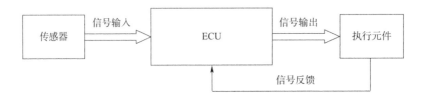

图 1-2 闭环控制方式

1.1.4 发动机电控系统的组成

发动机电控系统主要由信号输入装置(传感器及开关)、电子控制单元(ECU)和执行元件三部分组成,如图1-3所示。不同型号的发动机,发动机电控系统包括的部件略有不同。

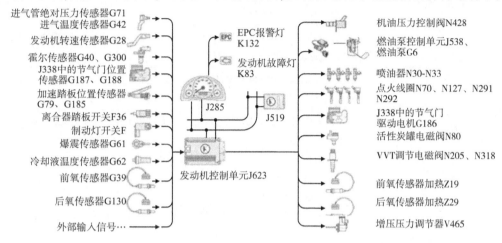

图1-3 发动机电控系统的组成

1)信号输入装置

信号输入装置主要指各种传感器及开关,其作用是采集发动机电控系统所需的信号,并转换成电信号通过线路输送给ECU。常见的传感器及开关见表1-1。

常见传感器及开关 表1-1

名 称	主 要 功 能
空气流量传感器	用来测量发动机的进气量,并将信号输入ECU,作为燃油喷射和点火控制的主控制信号
进气管绝对压力传感器	用来测量进气管内气体的绝对压力,并将该信号输入ECU,作为燃油喷射和点火控制的主控制信号
节气门位置传感器	用来检测节气门的开度及开度变化的信号,并将此信号输入ECU,用于燃油喷射控制及其他辅助控制
凸轮轴位置传感器	用来检测凸轮轴位置,给ECU提供曲轴转角基准位置信号(G信号),作为喷油正时控制和发动机点火正时控制的主控制信号
曲轴位置传感器	用来检测曲轴转角位置,给ECU提供发动机转速信号和曲轴转角信号,作为喷油正时控制和发动机点火正时控制的主控制信号
进气温度传感器	用来检测进气温度,给ECU提供进气温度信号,作为燃油喷射控制和发动机点火控制的修正信号
冷却液温度传感器	用来检测冷却液温度,给ECU提供发动机冷却液温度信号,作为燃油喷射控制和发动机点火控制的修正信号
氧传感器	用来检测排气中的氧含量,向ECU输送空燃比的反馈信号,从而进行喷油量的闭环控制

续上表

名　　称	主要功能
爆震传感器	用来检测发动机是否爆震及爆震强度,并将此信号输入ECU,作为点火正时控制的修正(反馈)信号
车速传感器	用来检测汽车的行驶速度,给ECU提供车速信号,用于巡航控制和限速断油控制,也是自动变速器的主控制信号
起动开关	通过起动开关给ECU提供一个起动信号,作为燃油喷射控制和点火控制的修正信号
空调开关	向ECU输入空调工作状态信号,作为燃油喷射控制和发动机点火控制的修正信号
空挡起动开关	识别自动变速器的挡位,向ECU输入信号,作为燃油喷射控制和发动机点火控制的修正信号。当挂入P位或N位时,空挡起动开关提供P/N位信号,防止不在P/N位时发动机起动
制动灯开关	向ECU提供制动信号,作为燃油喷射控制和发动机点火控制的修正信号

2)电子控制单元(ECU)

电子控制单元(Electronic Control Unit,简称ECU,也称电控单元、控制单元)是发动机电控系统的控制中枢。在发动机工作时,它不断接收信号输入装置输入的各种信息,并进行运算、分析、比较,按内部存储的程序计算出最佳的控制参数,并向执行元件发出控制指令。同时,ECU还具有自诊断功能,当各传感器的输入信号或执行元件的工作情况出现异常时,会记录相应的故障信息,以便于诊断时读取。

3)执行元件

执行元件接受ECU控制指令,具体执行某项控制功能,主要指各种电动机、电磁阀和加热元件等,常见的执行元件见表1-2。

常 见 执 行 元 件　　　　表1-2

名　　称	主要功能
喷油器	根据ECU的喷油脉冲信号,精确计量燃油喷射量
点火器	根据ECU脉冲信号,控制点火
怠速控制阀	控制发动机的怠速
巡航控制电磁阀	根据ECU的指令,控制巡航系统
进气控制阀	根据ECU的指令,控制进气系统工作
废气再循环阀	根据ECU的指令,控制废气再循环量
节气门控制电动机	根据ECU的指令,控制节气门的开度
二次空气喷射阀	根据ECU脉冲信号,控制二次空气喷射量
活性炭罐电磁阀	根据ECU的指令,回收发动机内部的燃油蒸气,以便减少排放污染
电动燃油泵	供给燃油喷射系统规定压力的燃油
真空电磁阀	根据ECU的指令,控制真空管路的通断
氧传感器加热器	将氧传感器快速加热到工作温度

1.2 发动机电控系统常用的检测设备

1.2.1 数字万用表

数字万用表是目前常用的一种数字化仪表,它具有以下特点:数字显示,读取直观、准确,避免指针式万用表的读数误差;分辨率高;测量速度快;输入阻抗和集成度高;测试功能、保护电路齐全;功率损耗小;抗干扰能力强。下面以图1-4所示的DY2201型汽车数字万用表为例进行介绍。

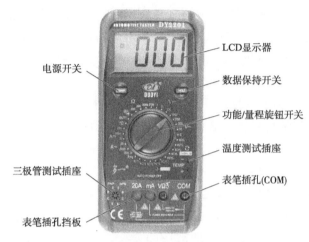

图1-4 DY2201型汽车数字万用表

1)数字万用表的功能和使用方法

(1)直流电压DCV测量。将功能/量程开关置于DCV量程范围,将黑表笔插入COM插孔,红表笔插入显露的表笔插孔(VΩ插孔)。并将表笔并接在被测负载或信号源上,仪表在显示电压读数的同时会指示出红表笔的极性。

注意:在测量之前不知被测电压范围时,应将功能/量程开关置于最高量程挡;当只显示最高位"1"时,说明被测电压已超过使用的量程,应改用更高量程测量;"⚠"表示不要测量高于1000V的电压,虽然有可能显示读数,但可能会损坏万用表;测量高压时应特别注意安全。

(2)交流电压ACV测量。将功能/量程开关置于ACV量程范围,将黑表笔插入COM插孔,红表笔插入显露的表笔插孔(VΩ插孔),并将表笔并接在被测负载或信号源上。

注意:在测量之前不知被测电压范围时,应将功能/量程开关置于最高量程挡;当只显示最高位"1"时,说明被测电压已超过使用的量程,应改用更高量程测量;"⚠"表示不要测量高于700V的电压,虽然有可能显示读数,但可能会损坏万用表;测量高压时应特别注意安全。

(3)直流电流DCA测量。拔出表笔,将功能/量程开关置于DCA量程范围,将黑表笔插入COM插孔,红表笔插入显露的表笔插孔(mA插孔或20A插孔)。将测试表笔串入被测电路中,仪表显示电流读数的同时会指示出红表笔的极性。

注意:测量前不知被测电流范围时,应将功能/量程开关置于最高量程挡;当只显示最高位"1"时,说明被测电流已超过使用的量程,应改用更高量程测量;mA 插孔输入时,过载则熔断万用表内熔断丝熔断,须予以更换,熔断丝的规格为 0.2A/250V;20A 插孔输入时,最大电流 20A 时间不要超过 15s,20A 挡无熔断丝。

(4)交流电流 ACA 测量。拔出表笔,将功能/量程开关置于 ACA 量程范围,将黑表笔插入 COM 插孔,红表笔插入显露的表笔插孔(mA 插孔或 20A 插孔)。测试表笔串入被测电路。

注意:测量前不知被测电流范围时,应将功能/量程开关置于最高量程挡;当只显示最高位"1"时,说明被测电流已超过使用的量程,应改用更高量程测量;mA 插孔输入时,过载则熔断万用表内熔断丝熔断,须予以更换,熔断丝的规格为 0.2A/250V;20A 插孔输入时,最大电流 20A 时间不要超过 15s,20A 挡无熔断丝。

(5)电阻 Ω 测量。将功能/量程开关置于所需 Ω 量程范围,将黑表笔插入 COM 插孔,红表笔插入显露的 VΩ 插孔,将测试表笔跨接在被测电阻两端。

注意:当输入开路时,仪表处于测量状态,只显示最高位"1";当被测电阻在 1MΩ 以上时,本表需数秒后才能稳定读数,对于高电阻测量这是正常的;检测在线电阻时,应关闭被测电路的电源,并使被测电路中电容放完电,才能进行测量。

(6)占空比 Duty 的测量。把功能/量程开关置于 Duty 挡,将黑表笔插入 COM 孔,红表笔或电缆芯线插入显露的表笔插孔(VΩ 插孔)。

(7)温度测量。测量温度时,把功能/量程开关置于 ℃ 挡,并将热电偶的冷端(插头)插入仪表的温度测量插座中,注意"+、-"极性;热电偶的热端(测量端)置于测温点,从仪表显示屏上读取温度值,读数为摄氏度(℃)。

注意:当热电偶插入温度测量插座后,自动显示被测温度;未插入热电偶或当热电偶开路时,显示环境温度。

(8)晶体三极管 hFE 参数测试。将功能/量程开关置于 hFE 挡。先认定晶体三极管是 PNP 型还是 NPN 型,然后将被测管 E、B、C 三脚插入仪表相应的插孔内。仪表显示的是 hFE 近似值,测试条件为:基本极电流约 10μA,Vce 约 2.8V。

(9)二极管测试。将功能/量程开关置于挡。将黑表笔插入 COM 插孔,红表笔插入显露的表笔插孔(VΩ 插孔,注意红表笔为内电源的"+"极),将表笔跨接于被测二极管两端,仪表显示二极管正向压降,单位"伏特";当二极管反接时显示超量程。

注意:当两表笔开路时,显示超量程(仅显示高位"1");通过被测器件的电流约 1mA。

(10)通断测试。将功能/量程开关置于挡。黑表笔插入 COM 插孔,红表笔插入 VΩ 插孔,将测试表笔跨接在待检查线路两端。被检查的两点之间的电阻值小于约 70Ω,蜂鸣器会发响。

注意:被测线路必须在切断电源状态下检查,线路带电将导致仪表错误判断。

(11)数据保持功能。按下 HOLD 键,仪表显示"H"符号,此时测量数据被锁定,便于读数、记录。再按 HOLD 键使其复位,"H"符号消失,仪表恢复到测量状态。

(12)自动关机功能。仪表在开机状态下,时间超过约 15min,将自动切断电源,进入睡眠状态。这时仪表仅有约 10μA 的电流,若要重新开启电源,请连续按动"Power"开关两次。

2)数字万用表使用注意事项

(1)使用前应检查表笔绝缘层完好,无破损、裸露及断线。后盖没有盖好前严禁使用,否则有电击的危险。

(2)当正在测量的时候,切勿接触裸露的电线、插接器及没有使用的输入端或正在测量的电路。

(3)测量 60V 直流或 30V 交流以上的电压有潜在的电击危险,在测量这类电压时要小心谨慎,以防触电。

(4)测量要选择正确的量程和功能,在不知道测量值时,要设置到最高量程。

(5)不要测量可能超过端口或旋钮上标示的电流或电压,以防电击和损坏仪表。

(6)进入或者退出电流测量各挡之前,必须先拔出表笔,再转动功能/量程开关,以免损坏机械保护装置。

(7)不要把测试表笔插入电流端口测试电压,因电流端口有熔断丝保护;否则,会引起损害和损坏仪表。

(8)正在测量时,不要旋转功能/量程开关。

(9)电阻测量、通断测试及二极管测试前要关闭电源,所有的高压电容器必须放电。

(10)不要在高温、高湿、易燃、易爆和强电磁场中使用和存放仪表。

(11)请勿随意改变仪表内部线路,以免损坏仪表。

(12)液晶显示"⊞"符号时,表示电池电压不足,应及时更换电池,以确保测量准确度。

(13)如需更换万用表内的熔断丝,请采用同类规格及型号。

(14)在测试或修理汽车时要戴合格的眼罩以防发动机带起异物飞入眼睛。

(15)请在通风良好的环境下运行及维修汽车,以防吸入有毒的气体。

(16)为避免电击,在连接或拆掉测试表笔线时要关闭汽车发动机。

(17)如汽车发动机在运转,不要将万用表及配件放在发动机或排气管旁以免被高温损坏。

(18)在维修汽车时,注意汽车生产商的警告及注意事项和维修程序。

1.2.2 示波器

示波器主要用来显示控制系统中输入、输出信号的电压波形,以供维修人员根据波形分析判断电控系统的故障。示波器比一般电子设备的显示速度快,是唯一能显示瞬时波形的检测仪器,是电控系统故障诊断中的重要设备。

1)示波器的结构及功能

不同品牌示波器的外形各不相同,但示波器的基本结构都相似,主要由主机、电源线及测试导线组成,如图 1-5 所示。

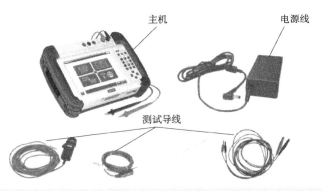

图1-5 示波器的组成

示波器主要功能如下：

(1)测试各种传感器、执行元件、电路和点火系统等电压波形。

(2)数字式示波器具有汽车万用表功能,可测试电压、电阻、电流等。有的示波器内部还存有汽车数据库和标准波形,使判断故障更为方便。

(3)数字式示波器可对测试内容进行记录、回放和存储。

(4)具有专项辅助测量功能,比如测量USB接口、WIFI功能、蓝牙功能等。

(5)能提供在线帮助,包括提供系统工作原理、测试连接方法、接线颜色等。

2)示波器的设置

用示波器测试一个未知的信号时,如何设置示波器是一件相当复杂的事。下面以用示波器去捕捉波形为例,说明设置示波器的基本方法。

(1)设置项目。为了显示一个波形,必需时要对示波器作如下设定：

①电压标尺。通过电压标尺改变波形在显示屏纵轴上的大小。

②时间标尺。通过改变时间标尺可以改变波形在显示屏横轴上的疏密程度。

③触发电平。触发电平可设置示波器显示时的起始电压值(也可以将触发模式置于"自动"挡)。

④耦合方式。

a. 直流(DC)耦合方式。

b. 交流(AC)耦合方式:此方式能过滤信号中的直流部分,只显示交流分量,常用于两线磁电式传感器信号的波形观察,以及信号中的噪声和发电机发电电压(二极管)等的观察。

c. 搭铁(GND)耦合方式:此方式用于判定搭铁位置或0V电压水平或显示示波器0V电压参考点。

(2)项目设置方法。

①当用自动设置功能(AUTORANGE)能够看清楚显示的波形时,可以用手动设置(MANUAL)来进一步微调。

②如果在显示屏上仍不能看到清晰的波形,可以根据推断,假设电压比例和触发电平,暂且先不设定时基。

③用数字式万用表测量信号电压,并根据测出的电压来设置电压挡比例。

④将触发电平设定在信号电压的一半以上,在设定电压比例和触发电平后,唯一未设定的就是时基了。

⑤这时手动设定时基,大多数信号应在 1ms 到 1s 之间,总线系统波形信号可选择 μs。

⑥时基/频率表可以用来帮助选择时基。先用汽车示波器上的游动光标测量信号频率,然后确定所希望的显示波形的循环次数(个数),再从表中找到信号频率与循环次数(个数)的交点,这就是要确定的时基数。示波器使用的常用术语及含义见表 1-3。

示波器使用的常用术语及含义　　　　表 1-3

术　语	含　　义
触发电平	示波器显示时的起始电压值
触发源	示波器的触发通道[通道(Ch1)、通道(Ch2)和外触发通道(EXT)]
触发沿	示波器显示时的波形上升或下降沿
电压比例	每格垂直高度代表的电压值
时基	每格水平长度代表的时间值
直流耦合	测量交流和直流信号
交流耦合	只允许信号的交流成分,通过它滤掉了直流成分(电容用来过滤直流电压)
搭铁耦合	确认示波器显示的 0V 电压位置自动触发;如果没有手动设定,示波器就自动触发并显示信号波形

3)示波器使用注意事项

(1)测试点火高压线时,必须使用专用的电容探头,不能将示波器探头直接接入点火次级电路。

(2)使用示波器时,注意远离热源,例如排气管、三元催化转换器等,温度过高会损坏仪器。

(3)示波器在测试时要注意测试线尽量离开风扇叶片、传动带等转动部件。

(4)路试中,不要将汽车示波器放在仪表台上方,最好是拿在手中测试。

(5)当无法捕捉到波形时,进行如下检查:

①确认触发模式是否在"自动(AUTO)"模式下,如果在该模式下示波器有可能不触发。

②确认示波器的屏幕显示是否处在"冻结"状态,若屏幕已被冻结,则按一下解除键。

③确认信号是否真的存在,可以用万用表先检查电压,如果确定信号是存在的,但示波器和万用表不能够捕捉到,则需检查测试线和接柱的连接情况。

④确认耦合方式是否在"搭铁(GND)"模式下,若在该模式下,任何信号都无法进入。

⑤确认触发源是否定义在所选择的通道上。

1.2.3　解码器

解码器不仅具有读码、清码功能,而且还具有解码功能,使用起来非常方便,它是汽车电控系统检测中不可缺少的检测设备之一。

1)解码器的功能

(1)可以方便地直接读取故障代码,而不必再通过发动机故障报警灯的闪烁读取。

(2)可以方便地直接清除故障代码,使发动机故障报警灯熄灭,而不必再通过拆卸熔断丝或蓄电池负极这样较麻烦的方法达到清除故障代码的目的。

（3）能与电子控制单元（ECU）中的计算机直接进行交流,显示数据流。即显示 ECU 的工作状况和多种数据输入、输出的瞬时值,使电控系统的工作状况一目了然,为诊断故障提供依据。特别是当不产生故障代码而又怀疑车辆有故障时,可以通过观察数据流中的参数来判断回路中是否确实有故障。

（4）能在静态或动态下,向电控系统各执行元件发出检修作业需要的动作指令,以便检查执行元件的工作状况。

（5）行车时或路试中能监测并记录数据流和故障代码,以便回到汽车修理厂后能够调出,进行分析和判断。

（6）有的还具有示波器功能、万用表功能和打印功能。

（7）有的还能显示系统控制电路图和维修指导,以供诊断时参考。

（8）可以和计算机相连,进行资料的更新与升级。

（9）功能强大的专用解码器,还能对车上 ECU 进行某些数据的重新输入和更改。

2）解码器的类型

一般地讲,带有数据流功能的解码器,可分为原厂专用型和通用型两大类型。原厂专用型解码器,一般是汽车制造厂为检测诊断本厂生产的汽车而专门设计制造的解码器。世界上一些大的汽车制造商,如通用公司、福特公司、克莱斯勒公司、奔驰公司、宝马公司、奥迪公司、日产公司等,都有专用型解码器（表1-4）,只适用检测诊断本厂生产的汽车,一般配备在汽车特约维修站,以提供良好的售后服务。

汽车生产厂家及专用解码器　　　　　　　表1-4

汽车厂家	解码器名称	汽车厂家	解码器名称
宝马	ISID	大众	VAS6150
丰田	IT-ii	日产	CONSULT-3
通用	TEC-II	奥迪	VAS6150
奔驰	STAR2000	福特	IDS
华晨	元征 X431	雪铁龙	PP-2000

通用型解码器,一般是检测设备制造厂为适应检测诊断多车型而设计制造的,它往往存储有几十种甚至几百种不同厂牌、不同车型汽车电控系统的检测程序、标准数据和故障代码等资料,并配备有各种车型的检测接头,可以检测诊断多种车型,因而适用于综合性维修企业使用。目前国内维修企业使用最多的通用型解码器,有美国生产的 MT2500 红盒子解码器和 OTC4000 型等,以及国产的 431ME 电眼睛、仪表王、修车王、车博士等。

不管是专用型还是通用型解码器,大多都能对全车各电控系统进行检测诊断和数据流分析。解码器与 ECU 相互交流信息的速度,决定于 ECU 中内置计算机的性能,即决定于数据传输的波特率。波特率是每秒钟通过的数字式数据的字节或高、低电压信号的度量单位。波特率愈高,则信息传输速度愈快。它不仅表明了解码器与 ECU 相互交流信息的速度,而且决定了解码器对 ECU 反应的快慢和显示屏数据读数变化的速率。

3）解码器的基本结构

下面以 431ME 电眼睛为例，介绍解码器的基本结构。431ME 电眼睛是汽车电控系统检测仪，不仅具有解码器功能（即具有读码、解码和清码功能），而且还具有读取在线数据流、传感器的模拟和测试、OBD-Ⅱ接口、中文显示、提示维修方法和打印等功能，能对亚洲、欧洲和美洲 2000 余种车型的电控系统（包括发动机系统、自动变速器系统、防抱死制动系统、安全气囊系统和定速巡航系统等）进行检测诊断，其功能已超出解码器功能。

431ME 电眼睛由主机、测试卡、测试主线、测试辅线和测试接头组成，并附带一个传感器模拟/测试仪。431ME 电眼睛主机和各种车型插接器如图 1-6 所示。

a) 431ME 电眼睛主机　　b) 各种车型插接器

图 1-6　431ME 电眼睛主机和各种车型插接器

4）解码器的使用方法

下面以 431ME 电眼睛为例，介绍解码器的使用方法。

(1) 使用仪器注意事项。

①测试前应正确选择测试接头。这是因为各车型的诊断插座提供电源的形式不一，有的可能要接外接电源，有的可能不接外接电源。因此，要避免因选择接头不当而烧坏仪器。

②测试前应先将测试卡插入仪器主机的测试卡接口，然后再接通电源。

③仪器的额定电压为 12V，汽车蓄电池电压应在 11~14V 之间。

④关闭汽车所有附属电气设备（如空调、前照灯、音响等）。

⑤发动机节气门应处于关闭状态，即怠速触点闭合。

⑥点火正时和怠速转速应在规定范围，发动机冷却液温度和变速器油温应达到正常工作温度（冷却液温度为 90~110℃，变速器油温为 50~80℃）。

⑦接通电源仪器屏幕闪烁后，若程序未运行或出现乱屏现象，可将仪器主机上的 9 针插头拔下再重插一次，即可继续操作。

⑧测试接头和诊断插座应良好接触，以保证信号传输不会中断。

⑨测试结束后，应先切断电源，再从主机上取出测试卡。

(2)使用步骤。

①选择合适的测试卡和合适的连接电缆插接器(专用解码器不需要此项)。

②连接解码器。电源电缆连接到车内点烟器或蓄电池上,测试电缆与汽车的故障诊断插座相连。

③开机后,选择测试地址和功能。选择测试地址是指选择想要测试的电控系统,如发动机电控系统、自动变速器控制系统、制动防抱死控制系统、安全气囊系统等;选择功能是指根据测试目的选择具体的测试项目,如调取故障代码、清除故障代码、读取系统数据流、执行元件测试等项目。

课 堂 讨 论

(1)描述发动机电控系统的基本工作原理。

(2)试分析发动机电控系统对发动机性能的影响。

相 关 技 能

1.3 发动机电控系统常用检测设备的使用

1.3.1 使用万用表

1)说明

下面以用DY2201数字万用表检测短路故障或回路电阻(电阻Ω测量)为例进行说明。电阻挡对于检查任何电路中的短路故障或电路是否形成回路都是十分有用的,它还可用来检查火花塞高压导线中的电阻过大线段,而这种故障对火花塞的点火会造成很大的影响。电阻挡还可测试点火线圈、电容器和发电机二极管等。

注意:检测在线电阻时,应关闭被测电路的电源,并使被测电路中电容放完电,才能进行测量。

2)操作步骤

(1)打开万用表电源开关。

(2)将功能/量程开关置于所需Ω量程范围。

(3)将黑表笔插入COM插孔,红表笔插入显露的VΩ 插孔。

(4)将一表笔连于可能存在短路的导线,将另一表笔接于邻近的导线搭铁线上。

注意:当被测量的电路上有电压时,电阻测试没有意义。

(5)关闭万用表电源开关。

3)检测结果分析

(1)很低的电阻读数值表明导线有短路故障存在。

(2)读数很大或过量程表明不存在短路故障,移动邻近导线以确定不存在间断性短路故障。

(3)当输入开路时,仪表处于测量状态,只显示最高位"1"。

(4)当被测电阻在 1MΩ 以上时,万用表需数秒后才能稳定读数,对于高电阻测量这是正常的。

1.3.2 使用示波器

(1)选择信号源,如图 1-7 所示。可通过不同的输入端口选择 Ch1 的信号源。

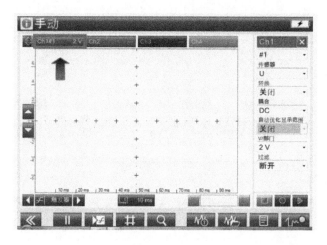

图 1-7 选择信号源

(2)选择测量参数,如图 1-8 所示。对信号的测量项目进行选择,如信号的电压、电流或电阻等。

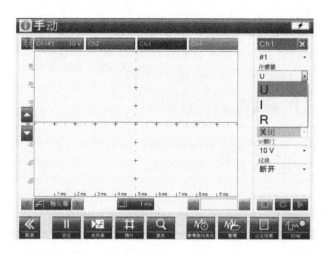

图 1-8 选择测量参数

(3)设置耦合方式,如图 1-9 所示。耦合方式是指交流耦合(AC)、直流耦合(DC)或搭铁耦合(GND)三种方式,一般选 DC。

(4)设置电压标尺,如图 1-10 所示。通过该选项可以设定被测量信号的纵坐标参数,也就是刻度尺的选择。

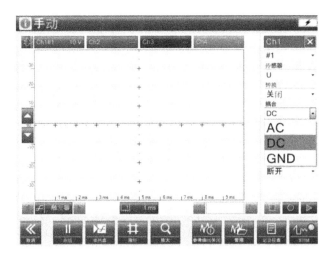

图1-9 设置耦合方式

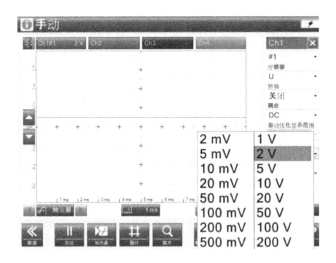

图1-10 设置电压标尺

(5)设置过滤器,如图1-11所示。使用过滤选项可对特定频率的信号进行过滤,不需要时可关闭。

(6)设置时间标尺,如图1-12所示。点击屏幕下方时间按钮可进入时间单位的设置选项,通过此选项可对波形显示的疏密程度进行设置。对于信号变化速率较快的信号建议将时间标尺设置得小一些,如PT-CAN总线信号的测量可将标尺设置在$2\sim20\mu s$,K-CAN总线信号的测量可将标尺设置在$10\sim50\mu s$,Lin总线信号测量时可将标尺设置在$100\sim500\mu s$。

(7)设置触发器,如图1-13所示。在设置前首先选择"开启"触发器。如果选择"开启"触发点的设置"线"选项,就会在屏幕上出现触发器在水平位置上的标线。通过"级V"选项选择触发点的位置,通过"前置触发器"选项设置触发点在屏幕上的左右位置,通过"脉冲沿"选项改变触发沿的位置。

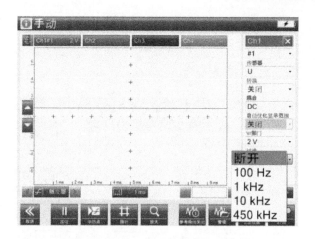

图1-11 设置过滤器

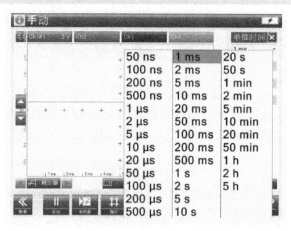

图1-12 设置时间标尺

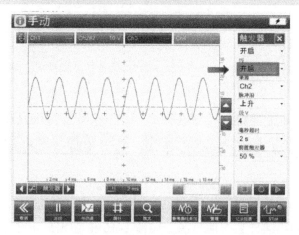

图1-13 设置触发器

(8)记录、存储、播放和冻结波形,如图1-14所示。在对信号进行测量时,可随时进行记录、存储、播放和冻结。点击记录按钮进行记录,点击停止按钮停止记录,同时会出现存储界面,使用键盘或系统内的软键盘在文件名处编辑自定义文件名称,点击"保存"按钮即可对所记录的信号进行保存。在播放过程中点击"冻结"按钮可以查看记录过程中每一帧信号的情况,通过向前/向后按钮进行位置调整。

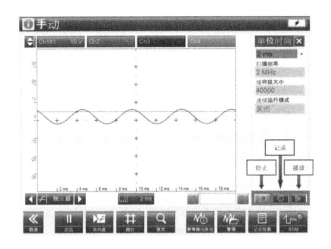

图1-14 记录、存储、播放和冻结波形

（9）调整指针,如图1-15所示。通过"指针"按钮对指针进行调整。第一次点击出现时间轴标尺,第二次点击出现信号幅值标尺,第三次点击则同时出现时间轴标尺及信号幅值标尺。

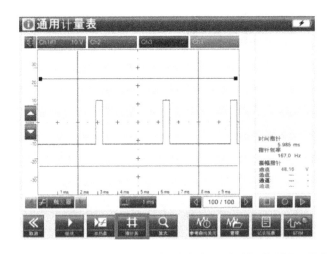

图1-15 调整指针

（10）设置激励器功能,如图1-16所示。在屏幕显示区域的右下方有"激励器"功能按钮,可进行设置并输出不同种类的信号源。如图1-16中输出的电压信号被设置成:信号电压=12V,信号偏移量=0V,信号频率=300Hz,信号占空比=10%。图1-16中绿色按钮表示信号输出已被激活,"离开"按钮表示可在保持信号输出被激活的状态下离开设置界面,继续其他功能测试。

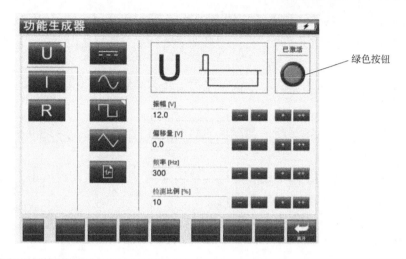

图1-16 设置激励器功能

1.3.3 使用解码器

下面以PS90汽车电脑故障诊断仪为例进行说明。

1)连接PS90汽车电脑故障诊断仪

(1)使用PS90汽车电脑故障诊断仪连车测试。

①用主测试线将PS90汽车电脑故障诊断仪主机通过VCI诊断盒与车辆进行连接,如图1-17所示。

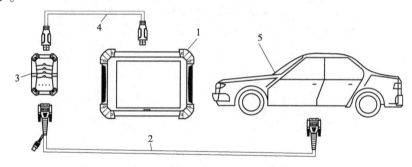

图1-17 连接PS90汽车电脑故障诊断仪

1-PS90汽车电脑故障诊断仪主机;2-主测试线;3-VCI诊断盒;4-USB线;5-被测车辆

②接通汽车点火开关,按下PS90汽车电脑故障诊断仪开机键即可对车辆进行诊断。

(2)使用PS90汽车电脑故障诊断仪连车诊断注意事项。

①车辆上电源必须达到正常工作电压DC 4.8~5V。

②在拔插测试线束时应用手捏住线束前端大头进行拔插,不可拉扯线束中间段,插接线束时先查看接口的对应方向平着插接,不可斜着插接以免损坏端子。

③进行一些特殊功能的测试时,操作人员务必按照操作提示说明进行操作,如有的车型"特殊功能"需要满足的条件有:发动机冷却液温度80~105℃,关闭前照灯、空调等负荷,加速踏板在松开位置等。

④由于国内车型配备的电控系统比较复杂,如遇到无法测试或测试数据不对的情况,考虑所选菜单和被测电控系统是否对应,可查找到该车 ECU,通过 ECU 标贴上的型号进行菜单选择。

⑤在 PS90 汽车电脑故障诊断仪测试菜单中未找到所测车型或电控系统时,可能是由于未进行软件升级。

⑥在 PS90 汽车电脑故障诊断仪与车辆通信中,禁止直接关机。应先将任务取消后再返回到主界面进行关机。

⑦使用 PS90 汽车电脑故障诊断仪时应轻拿轻放,尽量避免振动或撞击。为了保证触摸屏的使用寿命,点击屏幕时轻柔地触摸即可。

⑧PS90 汽车电脑故障诊断仪长时间不用时,应断开电源再关闭主机。

2)故障诊断

(1)开机。打开 PS90 汽车电脑故障诊断仪应用程序后,主界面及子菜单如图 1-18 所示。

图 1-18 主界面及子菜单

(2)菜单选择。

①VCI 盒子与车连接之后,且通过无线或者有线与 PS90 汽车电脑故障诊断仪主机成功配对之后,便可执行诊断操作,诊断界面如图 1-19 所示。

②可根据需要进行菜单选择:选择欧洲车即进入欧洲车系,选择亚洲车显示亚洲菜单,选择美洲车进入美洲菜单,选择国产车进入国产菜单,还可自行输入车型搜索。

③除了常用系统故障诊断,还针对一些车型开发其他一系列特殊诊断功能,如图 1-20 所示。

(3)测试功能。

①下面以【大众车系】为例,选择【故障诊断】,再选择【国产车型】菜单进入后,即可看到【大众车系】图标,如未看到【大众车系】图标,可上下滑动或者输入车型查找,如图 1-21 所示。

项目一　认识发动机电控系统

图 1-19　诊断界面

图 1-20　特殊诊断功能

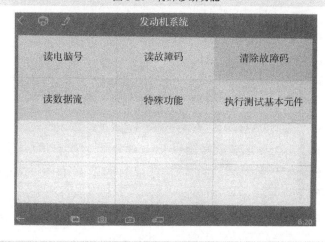

图 1-21　主功能菜单

不同车系的主功能菜单略有不同，常用主功能菜单中包括以下选项：

读电脑信息：该功能是读取 ECU 版本信息，在有的电控系统中显示为"系统识别"或"系统信息"菜单,其意义相同,都是读取与该 ECU 有关的软、硬件版本,柴油机型号、出厂日期和零件号等信息。

读故障码:读取电控 ECU 中存储的故障码。

清除故障码:清除 ECU 中存储的当前和历史故障码记忆,只有在故障全部排除之后才能够清除,如果有故障没有排除,则不能成功清除故障码,故障码就始终保存在 ECU 中,诊断仪一直能读出这个故障码。

建议:不要随便清除故障码,在读取故障码之后,先将这些故障内容记录下来,便于维修参考,当故障处理完后,再重新读取故障码就会没有故障码了。

读数据流:读取现在发动机正在运行的参数,如机油压力、温度、发动机转速、燃油温度、冷却液温度、进气温度等。通过这些参数,基本可以直接判断出是哪些方面出现了问题,这样在进行维修时就缩小了范围,比较方便。对于很多车辆在实际运行过程中,因为电子元件出现的工作特性偏移、灵敏度降低等都可以在数据流中进行判断。

特殊功能:特殊车型才有。

执行测试基本元件:主要是为了判断发动机的这些执行元件是否工作正常。

②点击"记录数据反馈"按钮,显示诊断软件版本及诊断过程中的各种信息,如图 1-22 所示。

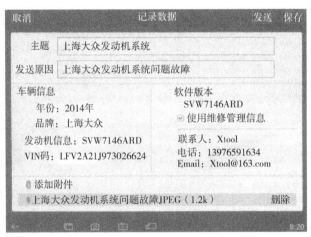

图 1-22　记录数据

(4)读取 ECU 信息功能。该功能是读取 ECU 版本信息,在有的电控 ECU 中显示为【系统识别】或【系统信息】菜单,其意义相同,都是读取与该 ECU 有关的软、硬件版本和零件号等信息,如图 1-23 所示。

(5)读取故障码。选择【读故障码】功能可读取电控 ECU 中存储的故障码,读取故障码时屏幕将显示所读取的故障码及故障码定义,如图 1-24 所示。

注意:对故障车进行检测时,如果显示"系统正常"或"无故障码",则说明 ECU 中未存储相关故障码或某些故障现象不在 ECU 监控范围,多属于机械系统或执行电路故障,也有可能是传感器在一定范围内出现信号偏差,这可以在数据流功能中进行判断。

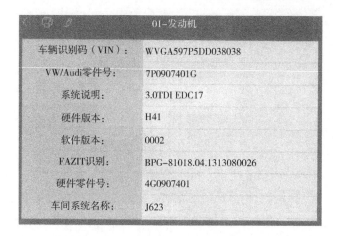

图 1-23　ECU 版本信息

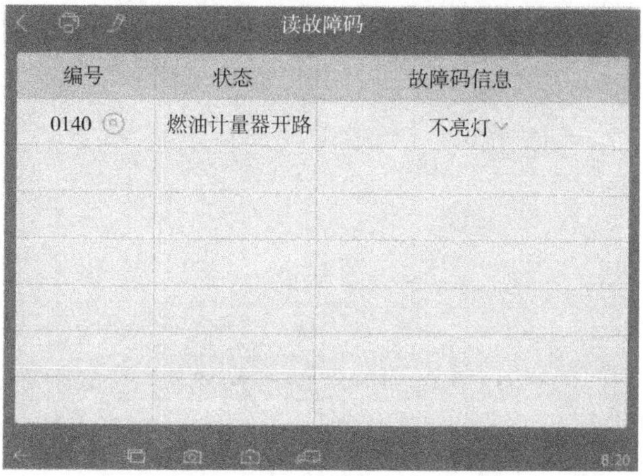

图 1-24　读取故障码

（6）清除故障码功能。

①返回上一步后，选择【清故障码】功能可清除 ECU 中存储的当前和历史故障码记忆，执行此功能将把当前故障码和历史故障码全部清除，清除故障码前需确认是否对故障码做好记录，如图 1-25 所示。

②点击【是】确认清除故障码后，如通信正常将显示"故障码清除成功"或"故障码已经清除"，通常清除故障码后需再次读取故障码以确认故障码是否被清除。

（7）读取数据流功能（图 1-26）。数据流指汽车电脑连续性地发出各种元器件的运行参数和工作状态的电信号。发动机常见数据流包含发动机转速、节气门位置传感器电压、氧传感器电压、冷却液温度、点火提前角、怠速开关状态、进气温度、进气压力等。

注意：数据流功能是维修人员对故障进一步判断的重要功能，这需要维修人员对汽车各系统的传感器数据、控制信号和控制方式有着深入的了解，也是维修人员使用数据流功能必备的基础。

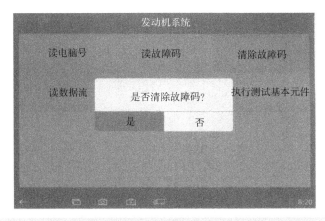

图1-25 清除故障码

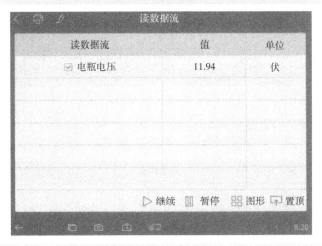

图1-26 读取数据流

常见数据流的测试条件及典型值见表1-5。

常见数据流的测试条件及典型值 表1-5

测试项目	单位	正常情况数据	测试条件及典型值
发动机转速	r/min	0~6000	发动机暖机后为750~850 r/min
发动机冷却液温度	℃	-40~150	发动机暖机后一般为85~95℃
节气门开度	—	0~100	节气门关闭时:0%;全开时:大于85%
喷油脉冲宽度	ms	0~15	发动机暖机后为3.5~4.5ms
进气温度	℃	-40~150	显示值略高于周围环境温度
蓄电池电压	V	0~15	急速时:1.5~13.5V
喷油闭环修正	—	0~1.99	—
负荷	ms	0~15	—
点火提前角	°	0~50	发动机暖机后为5°~15°变化
进气量	kg/h	0~255	发动机未发动:0
进气压力	hPa	0~1013	发动机未发动:1013hPa
急速调整状态	—	0~255	—
氧传感器	mV	0~1000	发动机暖机后为50~960mV变化

注意：数据流有两种显示模式，可根据自身需要及不同参数类型选择最适合的模式。第一种为仪表模式，以模拟仪表图形的形式显示参数；第二种为波形模式，以波形图的形式显示参数。

（8）特殊功能。该功能只有【大众车系】等车系具有，如图1-27所示。

图1-27 特殊功能

（9）执行元件测试。

执行元件测试条件：发动机不运转且点火开关打开。

如果发动机起动或识别出转速信号，则执行元件诊断就被中断；执行元件诊断过程中，单一元件一直处于触发状态，直到下一元件被按键激活；重复执行元件诊断前，应重新短时起动发动机，或将点火开关关闭2s；可以通过听或触摸来检查执行元件；所有执行元件诊断过程中，电动燃油泵都一直工作；10min后，执行元件诊断被终止。

①将菜单返回到【动态诊断数据】即可看到【执行元件测试】功能菜单，选择进入后即可显示该系统可进行动作测试的执行器元件菜单，如图1-28所示。

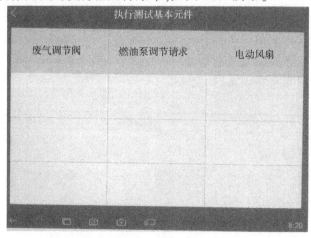

图1-28 执行元件测试

注意:【执行元件测试】功能是对系统的部分执行元件进行功能测试,执行该功能时,诊断仪将模拟 ECU 信号对执行元件进行动作测试,以判断执行元件或线路是否良好。

②将菜单返回到【动态诊断数据】即可看到【执行元件测试】功能菜单,选择进入后即可显示该系统可进行动作测试的执行器元件菜单。

小组工作

(1)每 8 名学生组成 1 个工作小组,确定小组长,接受工作任务,做好工作准备。

(2)阅读工作单,查阅维修手册(或实训指导书),观察待修乘用车,讨论检测设备的使用方法和步骤,确定小组人员工作分工。向实训指导教师汇报讨论结果,经指导教师同意后,开始下一步工作。

(3)完成工作单要求的使用检测设备对待修乘用车主要部件的检测,将检测结果记录在工作单的相应栏目,并对检测结果作出分析。

(4)在完成工作任务的过程中,根据工作单的要求,完成发动机电控系统零部件认识、描述其作用和工作原理等学习任务。

(5)回答指导教师的现场提问,接受指导教师的技能考核。

(6)完成工作任务后,对工作过程进行自我评价和小组互评,听取指导教师的点评。

(7)清洁工作场所,清点维护工具设备,完成任务交接。回答指导教师的现场提问,接受指导教师的技能考核。

思考题

(1)简述发动机电控系统对发动机性能的影响。

(2)简述发动机电控系统的功能。

(3)简述发动机电控系统的控制方式。

(4)简述发动机电控系统的组成。

(5)发动机电控系统常用的传感器及执行元件有哪些?各有何作用?

(6)简述数字万用表的使用注意事项。

(7)简述示波器的使用注意事项。

(8)简述解码器的功能。

项目二 电控燃油喷射系统构造与检修

学习情境

一位客户抱怨其驾驶的卡罗拉(1.6L)乘用车在行驶中踩下加速踏板加速时,发动机转速升高缓慢,感觉发动机的动力性不强,且燃油消耗量明显增加。经维修技师检查,判断为发动机电控燃油喷射系统有故障,需对发动机电控燃油喷射系统进行检修。

生产任务　电控燃油喷射系统工作不良故障检修

1)工作对象
待检修的卡罗拉(1.6L)乘用车1台。
2)工作内容
(1)领取所需的工具,做好工作准备。
(2)检查发动机电控燃油喷射系统的工作状况。
(3)拆卸、检查发动机电控燃油喷射系统主要零部件并进行检测,分析检测结果,制订修复方案。
(4)安装发动机电控燃油喷射系统零部件,确定发动机电控燃油喷射系统工作正常。
(5)检查、评价工作质量。
(6)整理工具,清洁工作场地。
3)工作目标与要求
(1)学生应以小组工作的方式,完成本项工作任务。
(2)学生应能在小组成员的配合下,利用汽车维修手册(或实训指导书)制订并实施工作计划。

（3）能通过阅读资料和现场观察，辨别所检修发动机电控燃油喷射系统的结构类型。

（4）能认识所检修发动机电控燃油喷射系统的零部件，表述发动机电控燃油喷射系统的工作原理和各零部件的作用。

（5）能向客户解释所修发动机电控燃油喷射系统的故障原因和修复方案。

（6）能按规范的步骤，完成发动机电控燃油喷射系统主要零部件的拆卸和安装工作。

（7）在工作过程中，注意工作安全，做好废料的处理，保持工作环境整洁。

相关知识

2.1 电控燃油喷射系统概述

发动机电控燃油喷射系统以ECU为控制核心，以空气流量和发动机转速为控制基础，以喷油器等为控制对象，保证获得与发动机各种工况相匹配的最佳混合气成分。电控燃油喷射系统可以根据发动机工况的变化精确控制供给发动机混合气的浓度，从而可以提高发动机的动力性、燃油经济性和降低排放污染，是发动机电控系统的一项重要控制内容。

2.1.1 电控燃油喷射系统的类型

1）按喷射位置分类

根据燃油喷射位置的不同，燃油喷射系统可分为缸内直接喷射和进气歧管喷射两大类，如图2-1所示。缸内直接喷射系统具有控制精度高、喷油雾化好、燃油经济性好、发动机功率高、排放污染小等优点，在发动机上得到了广泛应用。

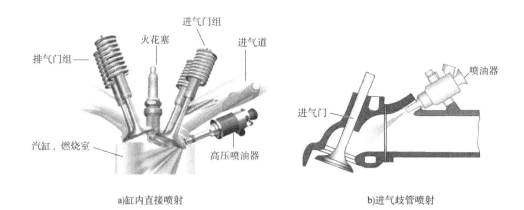

图2-1 按喷射位置分类

2）按喷射方式分类

按喷油器喷射方式的不同，电控燃油喷射系统可分为同时喷射、分组喷射和顺序喷射，如图2-2所示。目前普遍采用顺序喷射控制系统。

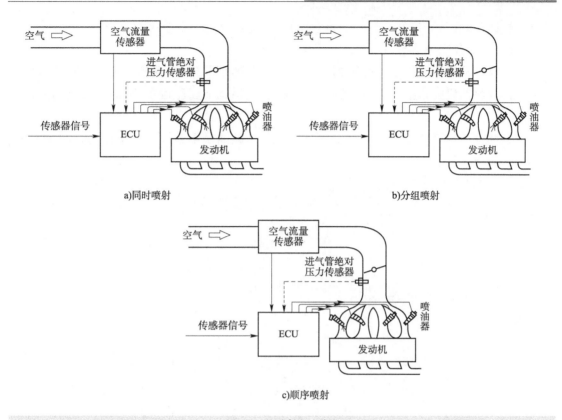

图 2-2 按喷射方式分类

3）按空气量检测方式分类

按空气量检测方式的不同，电控燃油喷射系统可分为 D 型和 L 型。

（1）D 型电控燃油喷射系统。D 是德语 Druck（压力）的第一个字母。D 型电控燃油喷射系统利用进气管绝对压力传感器检测进气管内的绝对压力，ECU 根据进气管内的绝对压力和发动机转速推算出发动机的进气量，再根据进气量和发动机转速确定基本喷油量。

（2）L 型电控燃油喷射系统。L 是德语 Luft（空气）的第一个字母。L 型电控燃油喷射系统利用空气流量传感器直接测量发动机的进气量，ECU 不必进行推算，即可根据空气流量传感器信号计算与该空气量相对应的喷油量。由于消除了推算进气量的误差影响，其测量的准确程度高于 D 型，故对混合气浓度的控制更精确。

4）按燃油喷射压力分类

按燃油喷射压力的不同，可分为高压喷射和低压喷射。高压燃油喷射系统用于缸内直接喷射，喷射压力可达 10MPa 以上。低压喷射系统用于进气歧管喷射，一般压力为 0.6MPa 左右。

5）按控制系统有无反馈分类

按控制系统有无反馈的不同，可将燃油喷射系统分为开环控制系统和闭环控制系统两类。现在的发动机都采用闭环控制系统。在闭环控制系统中，将一个氧传感器安置在排气管内，监测排气中氧的含量，并将该信号输送给 ECU，随时修正喷入发动机的燃油量，维持混合气空燃比(混合气中空气与燃料的质量比)的平均值在理论空燃比附近。

2.1.2 电控燃油喷射系统的组成和工作原理

电控燃油喷射系统的功用是根据发动机各工况的不同要求,配制一定数量和浓度的可燃混合气并将其供入汽缸,使之在压缩终了时点火、燃烧而膨胀做功,最后将燃烧后的废气排入大气中。

电控燃油喷射系统由空气供给系统、排气系统、燃油供给系统和电子控制系统等组成,如图2-3所示。

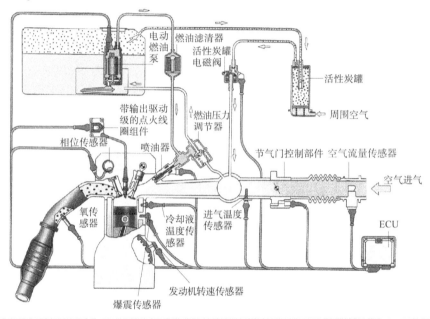

图2-3 电控燃油喷射系统示意图

驾驶人通过踩踏加速踏板来控制节气门开度,从而控制发动机汽缸的进气量,空气经空气滤清器、空气流量传感器、节气门进入进气总管,再分配到各缸进气歧管,然后进入各汽缸。空气流量传感器检测进入汽缸的空气量,节气门位置传感器检测节气门开度,这两个信号作为燃油喷射的主要信息输入ECU,由ECU计算出主喷油量,再根据冷却液温度传感器、进气温度传感器、氧传感器、爆震传感器等输入的信息,ECU对主喷油量进行必要的修正,确定出实际喷油量。

燃油从燃油箱中被电动燃油泵吸出,先由燃油滤清器将杂质滤除后再通过输油管、燃油分配管等输送到各个喷油器。喷油器则根据ECU发出的指令,将计量后的燃油喷入各进气歧管中与流入发动机内的空气进行混合,形成可燃混合气供入汽缸,点火系统在压缩接近终了时,火花塞点燃可燃混合气,可燃混合气燃烧做功,最后将废气通过排气管、排气消声器等排入大气中。

2.1.3 电控燃油喷射控制系统的功能

电控燃油喷射控制系统的主要功能包括喷油正时控制、喷油量控制、断油控制和电动燃油泵控制。

1)喷油正时控制

喷油正时控制就是指 ECU 控制喷油器何时开始喷油,控制方式有同步喷油正时控制和异步喷油正时控制。同步喷油正时控制是指控制程序与发动机各缸工作循环一致,在既定的曲轴位置进行喷射,具有规律性;异步喷油正时控制是指控制程序与发动机工作循环不一致,无固定位置和时间,是在同步喷射的基础上,为改善发动机的性能额外增加的喷油,主要有起动时异步喷油正时控制和加速时异步喷油正时控制。

(1)同步喷油正时控制。现在发动机电控燃油喷射系统多采用顺序喷射控制,在采用顺序喷射的电控燃油喷射系统中,各缸喷油器分别由 ECU 进行控制。图 2-4 所示为 4 缸发动机顺序喷射控制电路,其特点是喷油器驱动回路数与汽缸数目相等。在采用顺序喷射的发动机上,ECU 根据凸轮轴位置传感器信号(G 信号)、曲轴位置传感器信号(Ne 信号)和发动机的做功顺序,确定各缸工作位置。当确定某缸活塞运行至排气行程上止点前某位置时,ECU 输出喷油控制信号,接通喷油器电磁线圈电路,该缸即开始喷油。

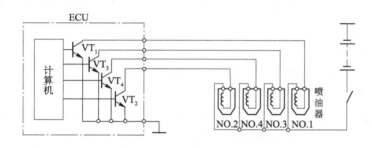

图 2-4　发动机顺序喷射控制电路

(2)异步喷油正时控制。异步喷油正时控制包括起动时异步喷油正时控制和加速时异步喷油正时控制。

①起动时异步喷油正时控制。在部分电控燃油喷射系统中,为改善发动机的起动性能,在发动机起动时,除同步喷油外,再增加一次异步喷油。在起动开关处于接通状态时,ECU 接收到第一个凸轮轴位置传感器信号后,接收到第一个曲轴位置传感器信号时,开始进行起动时的异步喷油。

②加速时异步喷油正时控制。发动机由怠速工况向汽车起步工况过渡时,由于燃油惯性等原因,会出现混合气过稀的现象。为了改善起步加速性能,ECU 根据节气门位置传感器中怠速触点输送的怠速信号,从接通到断开时增加一次固定量的喷油。在有些电控燃油喷射系统中,ECU 接收到的怠速信号从接通到断开后,检测到第一个曲轴位置信号时,增加一次固定量的喷油。有些发动机电控燃油喷射系统,为使发动机加速更灵敏,当节气门迅速开启或进气量突然增加(急加速),在同步喷射的基础上再增加异步喷射。

2)喷油量控制

喷油量控制是电控燃油喷射系统最主要的控制功能之一,其目的是使发动机在各种运行工况下都能获得最佳的混合气浓度,以提高发动机的燃油经济性和降低排放污染。当喷油器的结构和喷油压差一定时,喷油量的多少就取决于喷油时间。在发动机电控燃油喷射系统中,喷油量的控制是通过对喷油器喷油时间的控制来实现的。控制模式分为发动机起动时的喷油量控制和发动机起动后的喷油量控制。

(1)发动机起动时的喷油量控制。在发动机起动时,由于转速变化很大,进气量不能被精确计量,无法确定基本喷油时间,所以起动时的同步喷油量控制与起动后的同步喷油量控制不同。

①起动时基本喷油量的确定。先由ECU根据点火开关、曲轴位置传感器和节气门位置传感器提供的信号,判断发动机应为起动状态,再根据冷却液温度传感器信号确定基本喷油量。

②起动时修正喷油量的确定。ECU会根据进气温度传感器信号和蓄电池电压信号对基本喷油量进行修正,然后确定起动时的喷油量。同时根据起动状态,增加一次异步额外喷油量。发动机起动时的喷油量控制形式为开环控制。

(2)发动机起动后的喷油量控制。发动机起动后,喷油器总喷油量由基本喷油量、修正量和额外增量组成。

①基本喷油量的确定。对于L型电控燃油喷射系统,ECU根据发动机转速信号和空气流量传感器信号来确定基本喷油量;对于D型电控燃油喷射系统,ECU根据发动机转速信号和进气管绝对压力信号来确定基本喷油量。

②修正量的确定。ECU在确定基本喷油时间的同时,还必须根据各种传感器输送来的发动机运行工况信息,对基本喷油时间进行修正。

a.进气温度传感器修正。ECU根据进气温度传感器提供的进气温度信号,对喷油时间进行修正。通常以20℃为进气温度信息的标准温度,低于20℃时空气密度大,ECU适当增加喷油时间,使混合气不致过稀;进气温度高于20℃时,空气密度减小,适当减少喷油时间,以防止混合气偏浓。增加或减少的最大修正量约为10%。

b.进气管绝对压力传感器修正。当发动机工作时,ECU根据进气管绝对压力传感器信号确定修正系数的大小。但对于使用热膜式或热线式空气流量传感器的电控燃油喷射系统,由于直接检测的是进入发动机的空气量,所以,进气量多少与大气压力无关,喷油量不需要修正。

c.氧传感器修正。ECU根据氧传感器输入的电压信号确定混合气是浓还是稀,然后发出控制指令来修正喷油量。当ECU接收到混合气偏浓的氧传感器信号电压时,ECU发出控制指令修正喷油量,使其减少,让混合气逐渐变稀。当ECU接收到混合气偏稀的氧传感器的信号电压时,ECU发出控制指令修正喷油量,使其增加,让混合气逐渐变浓。

d.蓄电池电压修正。蓄电池电压的高低对喷油器的开启滞后时间有影响,电压低时,开启滞后时间长,则实际喷油量会减少。为此,ECU必须根据蓄电池电压大小来修正喷油量。当蓄电池输入ECU的电压低于14V时,ECU将增加喷油器的喷油量。

③额外增量的确定。额外增量可分为暖机时的增量和加速时的增量。

a.暖机时的增量。发动机起动后暖机过程中,由于发动机温度较低,燃油雾化不好,会使混合气变稀,燃烧不稳定,甚至容易熄火,必须增加喷油量。ECU 根据冷却液温度传感器信号,增加喷油时间,进行暖机加浓。随着发动机温度的上升,喷油时间将逐渐减小,直到发动机冷却液温度超过 60℃后才停止加浓,喷油增量为 0。

b. 加速时的增量。当发动机 ECU 收到急加速信号时,即收到节气门位置传感器变化速率增大、进气量信号突然增加时,ECU 立即发出指令给各缸喷油器,使其以一个固定的喷油时间,同时向各缸增加一次喷油,以便改善加速性能。

3)断油控制

(1)减速断油控制。汽车在高速行驶中,若 ECU 收到加速踏板突然松开并减速的信号时,会切断燃油喷射控制电路,停止喷油,当发动机转速降至设定转速时又恢复正常喷油。这样,可以防止混合气过浓,从而降低 HC 及 CO 的排放量。

减速断油控制的条件如下:
①节气门位置传感器的怠速触点闭合。
②冷却液温度已经达到正常温度。
③发动机转速高于某一转速。

(2)限速断油控制。在发动机运转过程中,ECU 随时都将曲轴位置传感器测得的发动机实际转速与存储器中存储的极限转速进行比较。当实际转速达到或超过安全转速(80~100r/min)时,ECU 就发出停止喷油指令,控制喷油器停止喷油限制发动机转速进一步升高,喷油器停止喷油后,发动机转速将会降低;当发动机转速下降到低于安全转速时,ECU 将控制喷油器恢复喷油。

(3)清溢流断油控制。起动发动机时,如果多次起动不能着火,会使浓混合气进入汽缸并会浸湿火花塞,使其不能跳火而出现发动机无法起动的现象,这种火花塞被混合气浸湿称为"溢流"或"淹缸"。当出现溢流现象时,发动机将不能起动,这时可将加速踏板踩到底,接通起动开关起动发动机,ECU 自动控制喷油器停止喷油,以便排除汽缸内的燃油蒸气,使火花塞干燥,并能跳火,这种控制称为清溢流断油控制。

清溢流断油控制的条件如下:
①点火开关处于起动位置。
②节气门全开。
③发动机转速低于 500r/min。

在正常起动发动机时,不要踩下加速踏板,而是直接转动起动开关。否则,电控燃油喷射系统可能进入清溢流断油控制而使发动机无法起动。

(4)升挡断油控制。装备有自动变速器的汽车在行驶过程中,如果变速器需自动升挡时,变速器 ECU 会向发动机 ECU 发出要求降低转矩信号,发动机 ECU 接收到这个信号后,立即发出指令,使个别汽缸停止喷油,以便降低发动机转速,减轻换挡冲击,这种控制称为升挡断油控制。

4)电动燃油泵控制

电动燃油泵控制是电控燃油喷射系统的一项重要控制内容,在发动机起动过程和运转过程中,电动燃油泵应保持正常工作。如果电动燃油泵控制出现故障,会导致车辆无法起动。不同的控制系统,电动燃油泵的控制方式不同,现在许多电控燃油喷射系统可以通过脉冲宽度调制信号实现对电动燃油泵转速的无级控制,以满足不同负荷下的燃油供给量。当点火开关打开或发动机熄火后,电控燃油喷射系统中的电动燃油泵一般预先或迟后工作 2 ~ 3s,以保证燃油供给系统必需的油压。

2.2 电控燃油喷射系统主要部件的结构和工作原理

2.2.1 空气供给系统

空气供给系统的作用是为发动机可燃混合气的形成提供必要的空气,并计量和控制燃油燃烧时所需要的空气量。空气供给系统如图 2-5 所示,空气经空气滤清器、空气流量传感器、节气门体进入进气总管,再分配到各缸进气歧管。在进气歧管内(或进气门处),空气与喷油器喷出的燃油混合后被吸入汽缸内燃烧。

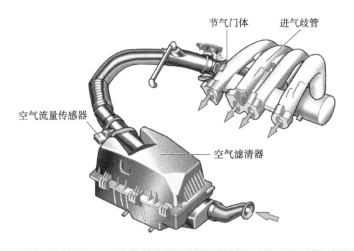

图 2-5　空气供给系统

1) 空气滤清器

空气滤清器用来滤清空气中所含的尘土,以减少汽缸、活塞、活塞环等零件的磨损,延长发动机的使用寿命。

空气滤清器的种类很多,图 2-6 所示为纸质干式空气滤清器,它是通过用树脂处理的纸质滤芯对空气进行过滤。纸质滤芯的寿命取决于纸面大小(通常成波折状以提高过滤面积)及空气本身的清洁程度,一般可连续使用 1 万 ~ 5 万 km。纸质滤芯不能清洗,脏污时可用压缩空气吹去灰尘,严重时必须更换。纸质干式空气滤清器质量轻、结构简单、安装及维护方便、滤清效果好,因此,在汽车上得到广泛应用。

2) 节气门体

(1) 传统节气门体。传统节气门的开启与关闭是由节气门拉索控制的。传统节气门体(图 2-7)是安装调节控制吸入发动机空气的节气门部件,节气门体主要由节气门、用于检测节气门开闭状态的节气门位置传感器、节气门定位电位计、节气门定位器(电动机)、节气门电位片和怠速开关等组成。汽车在正常行驶时,空气流量由节气门控制,而节气门则是驾驶人通过加速踏板操纵。

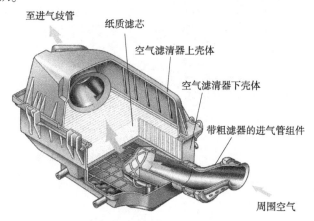

图2-6 纸质干式空气滤清器

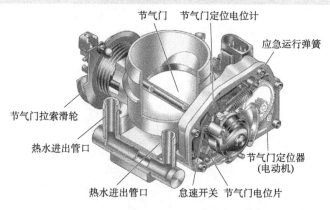

图2-7 传统节气门体

(2)电子节气门体。目前许多车型采用电子节气门的控制形式,其主要特点是:取消了节气门拉索,发动机ECU根据加速踏板位置传感器的信号直接控制电子节气门的开度。电子节气门控制系统包括加速踏板位置传感器、发动机ECU和电子节气门体。

电子节气门体包括节气门、检测节气门开度的节气门位置传感器、控制节气门开度的节气门控制电动机、使节气门返回固定位置的复位弹簧等(图2-8)。节气门控制电动机采用了反应灵敏度高、耗能少的直流电动机。

发动机ECU根据加速踏板传感器信号控制流向节气门控制电动机的电流大小和方向,使节气门控制电动机转动,节气门控制电动机通过减速齿轮打开或关闭节气门,控制节气门的开启角度达到最佳角度。节气门的实际开启角度由节气门位置传感器检测并反馈给发动机ECU。当没有电流流向节气门控制电动机时,节气门复位弹簧使节气门开启到一个固定位置(6°~7°)。但是,在怠速期间的节气门开度要关闭到小于这个固定位置。当发动机ECU检测到有故障发生时,将点亮组合仪表上的故障指示灯并同时切断节气门控制电动机电源。由于节气门保持开启角度为6°~7°,所以车辆仍能被开到某个安全的地方。

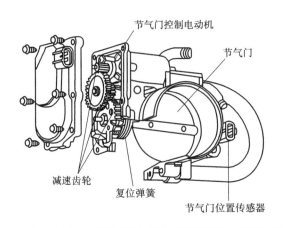

图 2-8 电子节气门体

3)进气歧管与稳压箱

进气歧管的结构如图 2-9 所示。进气歧管的功用是将空气或可燃混合气引入汽缸,并保证进气充分及各缸进气量均匀一致。进气歧管多用铝合金或铸铁制造,有些也采用复合塑料制作。有些乘用车进气歧管前还设有稳压箱(也称共鸣腔、谐振腔),稳压箱的功用是消除进气压力脉动,保证各缸混合气分配均匀。

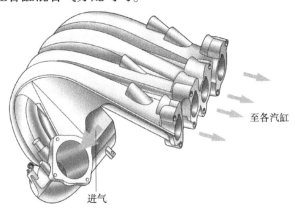

图 2-9 进气歧管

2.2.2 排气系统

排气系统主要由排气歧管、排气消声器和三元催化转换器等组成,如图 2-10 所示。

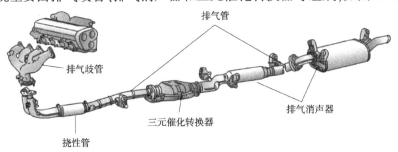

图 2-10 排气系统

1）排气歧管

从汽缸盖上各缸的排气孔到各缸独立管的汇集处的管道总成叫作排气歧管（图 2-11）。排气歧管一般都采用成本低，耐热性、保温性较好的铸铁制成。

2）排气消声器

排气消声器的作用是消除废气中的火星及火焰，降低排气噪声。

排气消声器有吸收、反射两种基本的消声方式，如图 2-12 所示。吸收式消声器是通过废气在玻璃纤维、钢纤维和石棉等吸音材料上的摩擦而减少其能量。反射式消声器则是由多个串联的谐调腔与长度不同的多孔反射管相互连接在一起，废气在其中经过多次反射、碰撞、膨胀、冷却而降低压力，减轻振动。

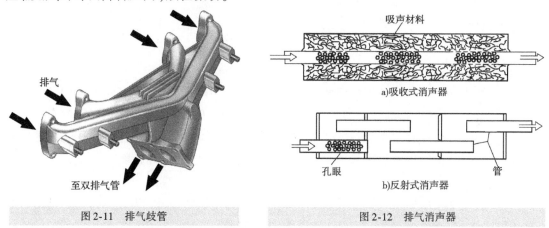

图 2-11　排气歧管　　　　　　　　图 2-12　排气消声器

汽车上实际使用的排气消声器，多数是综合利用不同的消声原理组合而成的，如图 2-13 所示。

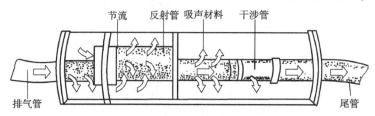

图 2-13　组合式消声器

2.2.3　燃油供给系统

燃油供给系统的作用是供给发动机燃烧过程所需的清洁的燃油。按照供油管路压力的不同，可分为低压燃油供给系统和高压燃油供给系统。

2.2.3.1　低压燃油供给系统

低压燃油供给系统结构如图 2-14 所示，主要由电动燃油泵、燃油滤清器、燃油分配管、燃油压力调节器和低压喷油器（简称喷油器）等组成。

燃油从燃油箱中被电动燃油泵吸出，先由燃油滤清器将杂质滤除后再通过输油管送到各个喷油器。喷油器则根据 ECU 发出的指令，将计量后的燃油喷入各进气歧管并与流入发动机内的空气进行混合，形成可燃混合气。发动机在正常工况喷油量只取决于各喷油器通电时间的长短。

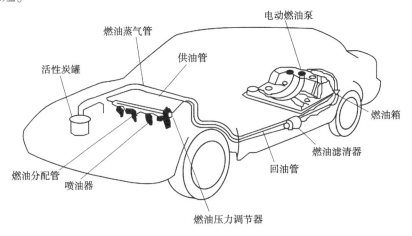

图 2-14　燃油供给系统

此外,利用燃油压力调节器可将喷油压力控制在一定范围内,而将多余的燃油从燃油压力调节器经回油管送回燃油箱。为了消除电动燃油泵泵油时或喷油器喷油时引起管路中的油压产生微小扰动,在有些发动机的燃油供给系统中还装有油压脉动阻尼器,用于吸收管路中油压波动时的能量,以便抑制管路中油压的脉动,提高系统的喷油精度。

1) 燃油箱

燃油箱(图2-15)是用来储存燃油的,其容积大小与车型和发动机排量有关,其形状随车型不同而各异,这主要是为了适应在车上的布置安装。

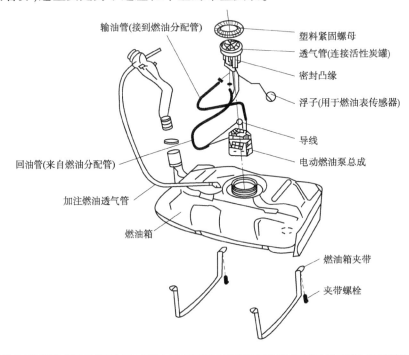

图 2-15　带附件的燃油箱

2）电动燃油泵

(1) 结构。电动燃油泵的作用是把燃油从燃油箱内吸出并通过喷油器供给发动机各汽缸。

在电控燃油喷射系统中最常用的是内置式电动燃油泵，即电动燃油泵安装在燃油箱内。内置式电动燃油泵不易发生气阻和漏油现象，对泵的自吸性能要求较低，故应用广泛。内置式电动燃油泵主要有叶片式和滚柱式两种。

①叶片式电动燃油泵。叶片式电动燃油泵的结构和工作原理如图 2-16 所示。叶轮是一个圆平板，在平板的圆周上加工有小槽，形成泵油叶片。当叶轮旋转时，圆周上小槽内的燃油随同叶轮一同高速旋转。由于离心力的作用，使出油口处压力增高，而在进油口处产生真空，从而使电动燃油在进油口处被吸入，在出油口处被排出，这样周而复始地完成燃油的输送。叶片式电动燃油泵运转噪声小，油压脉动小，泵油压力高，叶片磨损小，使用寿命长。

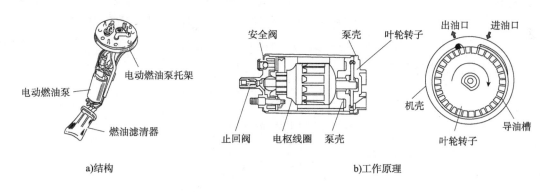

图 2-16　叶片式电动燃油泵

②滚柱式电动燃油泵。滚柱式电动燃油泵的工作原理如图 2-17 所示。转子偏心地安装在泵体内，滚柱装在转子的凹槽中。在永磁电动机的驱动下，当转子旋转时，滚柱在离心力的作用下紧压在泵体的内表面上，同时在惯性力的作用下，滚柱总是与转子凹槽的一个侧面贴紧，从而形成若干个封闭的工作腔。

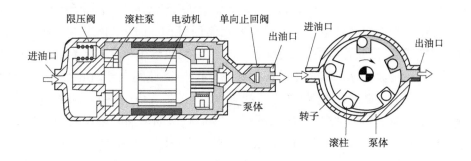

图 2-17　滚柱式电动燃油泵

在电动燃油泵工作过程中,进油口一侧的工作腔容积增大,成为低压吸油腔,燃油经进油口被吸入工作腔内。在出油口一侧的工作腔容积减小,成为高压压油腔,高压燃油从压油腔经出油口流出。电动燃油泵转子每转一圈,其排出的燃油就要产生与滚柱数目相同的压力脉动,故在出口处装有油压缓冲器,以减小出口处的油压脉动和运转噪声。

单向止回阀的作用主要用于防止燃油倒流,并可保持管路残余压力,以便发动机下次容易起动,并可防止由于温度较高时,油路产生气阻现象。若电动燃油泵输出压力超过400kPa时,安全阀会自动打开,高压燃油可流回至电动燃油泵的进油口,并在电动燃油泵中内循环,以此可避免由于油路堵塞而引起管路油压过高造成管路破裂或燃油泵损坏等现象。滚柱式电动燃油泵运转时噪声大,油压脉动也大,而且泵体内表面和转子容易磨损。

(2)电动燃油泵的控制。车型不同,采用的电动燃油泵控制电路也不同,按电动燃油泵控制部件的不同,主要分为由电动燃油泵继电器控制和电动燃油泵ECU控制两种形式。

①电动燃油泵继电器控制的电动燃油泵控制电路。电动燃油泵继电器控制的电动燃油泵控制电路如图2-18所示,发动机ECU控制电动燃油泵继电器线圈的接通和断开,从而控制电动燃油泵继电器触点的接通和断开,当继电器触点接通后,电动燃油泵得到蓄电池提供的12V电压开始工作。此控制电路中,电动燃油泵只有运转和不运转两种工作情况,工作时电动燃油泵以最大功率运转。

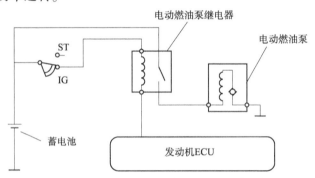

图2-18 电动燃油泵继电器控制的电动燃油泵控制电路

电动燃油泵继电器控制的电动燃油泵控制电路也可以根据发动机转速和负荷的变化,通过电动燃油泵继电器改变电动燃油泵供电电路,实现电动燃油泵不同的工作转速,如图2-19所示。点火开关接通后即通过主继电器将断路继电器的+B端子与电源接通,起动时断路继电器中的L1线圈通电。发动机正常运转时,ECU中的晶体管VT_1导通,断路继电器中的L2线圈通电,使断路继电器触点闭合,电动燃油泵继电器FP端子与电源接通,电动燃油泵工作。发动机熄火后,ECU中的晶体管VT_1截止,断路继电器内的L1和L2线圈均不通电,其开关断开电动燃油泵电路,电动燃油泵停止工作。ECU控制电动燃油泵继电器,发动机低速、中小负荷工作时,ECU中的晶体管VT_2导通,电动燃油泵继电器线圈通电,使触点A闭合,由于将电阻串联到电动燃油泵电路中,所以电动燃油泵两端电压低于蓄电池电压,电动燃油泵低速运转。发动机高速、大负荷工作时,ECU中的晶体管VT_2截止,电动燃油泵继电器触点B闭合,直接给电动燃油泵输送蓄电池电压,电动燃油泵高速运转。

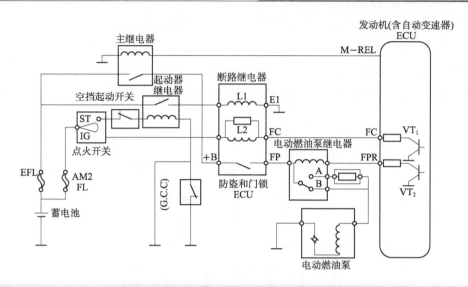

图 2-19　具有转速控制功能的电动燃油泵控制电路

②电动燃油泵 ECU 控制的电动燃油泵控制电路。图 2-20 所示为电动燃油泵 ECU 控制的电动燃油泵控制电路。蓄电池电源经主易熔线、20A 熔断丝和主继电器进入电动燃油泵 ECU 的 +B 端子，电动燃油泵 ECU 通过 FP 端子向电动燃油泵供电。电动燃油泵 ECU 根据发动机 ECU 端子 FPC 和 DI 的信号，控制 +B 端子与 FP 端子的连通回路，以改变输送给电动燃油泵的电压，从而实现对电动燃油泵转速的控制。当发动机高速、大负荷工作时，发动机 ECU 的 FPC 端子向电动燃油泵 ECU 发出指令，使 FP 端子向电动燃油泵提供 12V 的蓄电池电压，电动燃油泵以高速运转。当发动机低速、小负荷工作时，发动机 ECU 的 DI 端子向电动燃油泵 ECU 发出指令，使 FP 端子向电动燃油泵提供较低的电压（一般为 9V），电动燃油泵以低速运转。

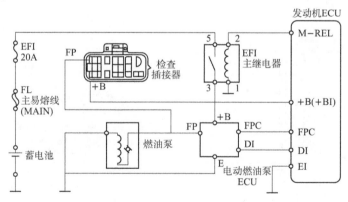

图 2-20　电动燃油泵 ECU 控制的电动燃油泵控制电路

发动机 ECU 的电源端子 +B 和电动燃油泵控制端子 FP，分别有导线与诊断座上的相应端子相连，以便对电动燃油泵进行检查。

现在有许多车型电动燃油泵控制电路能实现对电动燃油泵转速的无级控制。图 2-21

所示为大众迈腾乘用车的电动燃油泵控制电路。在该控制电路中,电动燃油泵也由电动燃油泵ECU进行控制。电动燃油泵ECU由SC10熔断丝供电,并且由发动机ECU控制工作。电动燃油泵ECU可以根据发动机ECU发出的燃油需求控制信号,通过占空比信号控制电动燃油泵端子1的电压,从而可以实现电动燃油泵不同转速的控制。占空比越大,电动燃油泵转速越高。

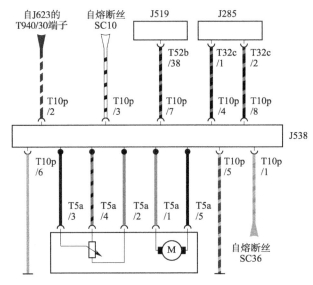

图2-21　迈腾乘用车电动燃油泵控制电路

3) 燃油滤清器

燃油滤清器(图2-22)可清除燃油中的杂质,防止堵塞喷油器等部件,减少运动部件的磨损。

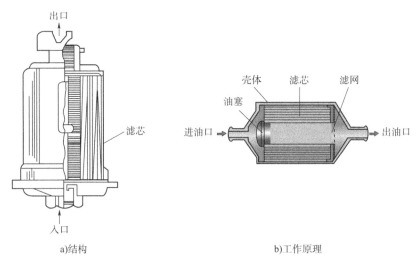

图2-22　燃油滤清器

燃油滤清器与普通的滤清器一样,采用过滤形式,壳体内有一个纸滤芯。滤芯的形式通常有两种,即菊花形和涡卷形。燃油滤清器的滤芯应根据车辆行驶里程、使用的燃油质量情况及时更换,以确保发动机稳定行驶,提高可靠性。

4) 燃油分配管

燃油分配管(图2-23)的功用是将燃油均匀、等压地输送给各缸喷油器。由于它的容积较大,故有储油蓄压、减缓油压脉动的作用。

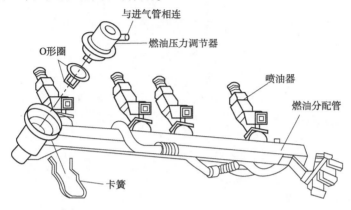

图2-23 燃油分配管

5) 燃油压力调节器

燃油压力调节器的作用是调节燃油供给系统油压,保持系统压差(燃油压力与进气歧管压力)或压力恒定。燃油压力调节器根据安装位置的不同,可分为外置式和内置式两种。外置式燃油压力调节器安装在燃油分配管上,内置式燃油压力调节器与电动燃油泵一起装在油箱里。

(1) 外置式燃油压力调节器。外置式燃油压力调节器如图2-24所示,其内部由橡胶膜片分为弹簧室和燃油室两部分。弹簧室内有一个带预紧力的螺旋弹簧,它作用在膜片上。在膜片上安装一个阀,控制回油。另外,还通过一根真空管与进气歧管相连。

当系统油压超过规定值时,燃油压力克服弹簧压力,将膜片向上压,打开阀门,与回油通道接通,燃油流回燃油箱,系统压力降低,系统油压又回到规定值。

如果进气歧管真空度变大,为了维持燃油分配管内部与进气歧管内部的压力差恒定,就必须降低系统油压。把进气歧管真空度引入弹簧室,能够减少膜片上方螺旋弹簧的作用力,进而减少打开阀门的压力,使系统油压下降到规定值。

当电动燃油泵停止工作时,在膜片和螺旋弹簧力的作用下使阀门关闭,保持油路中的残余压力。

(2) 内置式燃油压力调节器。内置式燃油压力调节器如图2-25所示,当系统油压超过规定值时,燃油压力便将压力调节器的回油阀打开,一部分燃油经回油阀流回到燃油箱,系统压力降低;当系统油压下降到规定值时,压力调节器的回油阀关闭,以保持系统油压恒定。内置式燃油压力调节器与外置式燃油压力调节器相比不仅缩短了回油管,而且还可以降低燃油的温度,减小发生气阻的可能性。

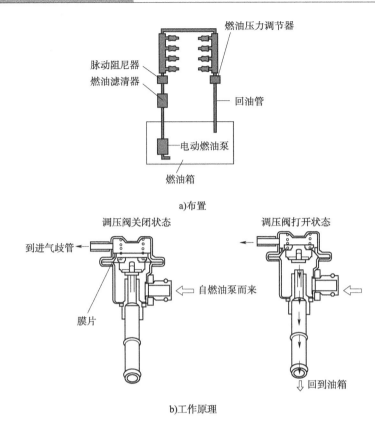

图 2-24 外置式燃油压力调节器

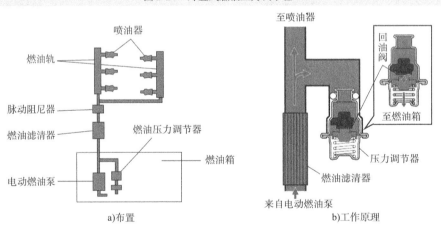

图 2-25 内置式燃油压力调节器

6) 低压喷油器

低压喷油器(简称喷油器)是发动机电控燃油喷射系统的一个重要的执行元件,它接收 ECU 送来的喷油脉冲信号,准确地计量燃油喷射量,同时将燃油喷射后雾化。

按喷油器结构的不同,喷油器可分为轴针式和轴孔式两种,目前应用较多的是轴针式喷油器。按喷油器阻值大小的不同,喷油器可分为低阻型(1~3Ω)和高阻型(13~18Ω)两种。

按驱动方式的不同,喷油器可分为电流驱动式和电压驱动式两种。

轴针式喷油器(图2-26)安装在燃油分配管上,主要由轴针、针阀、衔铁、复位弹簧及电磁线圈等组成。针阀与衔铁制成整体结构,针阀上端安装一个复位弹簧。当喷油器停止工作时,复位弹簧弹力使针阀复位,针阀关闭,轴针压靠在阀座上起到密封作用,防止燃油泄漏。滤网用于过滤燃油中的杂质,O形密封圈起到密封作用,上部密封圈防止燃油泄漏,下部密封圈防止漏气。

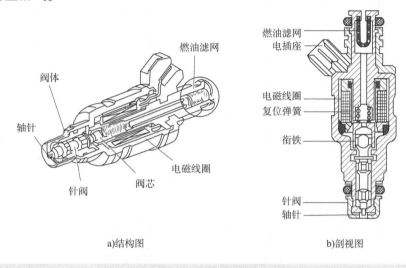

图2-26 轴针式喷油器

当电磁线圈通电时,电磁吸力使针阀克服复位弹簧的弹力,针阀与轴针上移,针阀打开,燃油便从喷孔喷出。由于燃油压力较高,因此,喷出的燃油得到良好雾化。当电磁线圈断电时,电磁吸力消失,针阀与轴针在复位弹簧作用下复位,针阀关闭,喷油停止。

低压喷油器控制电路如图2-27所示,喷油器线圈两端分别与继电器和发动机ECU连接,当继电器接通后,为喷油器线圈提供工作电压,而发动机ECU控制喷油器的搭铁回路,当搭铁回路接通时,喷油器线圈形成回路,喷油器开启开始喷油,通过控制喷油器接通时间,从而控制喷油量。

发动机ECU内部驱动喷油器的电路可分为电压驱动和电流驱动两种,如图2-28所示。对于低阻喷油器,电压驱动回路中串入一个附加电阻,增加回路阻抗。高阻喷油器则不需要附加电阻。电流驱动电路中,因为通过喷油器电磁线圈的电流能在极短的时间内达到最大,喷油器开启迅速,喷油器具有良好的响应性。

2.2.3.2 高压燃油供给系统

迈腾B8L乘用车2.0TSI发动机采用SRE(进气歧管喷射)和TSI(缸内直接喷射)的双喷射系统,如图2-29和图2-30所示。SRE喷射系统采用的是低压燃油供给系统,与前述低压燃油供给系统的结构和工作原理基本相同。TSI喷射系统为高压燃油供给系统,主要由高压燃油泵、高压燃油分配管及高压喷油器等组成。高压燃油泵将低压电动燃油泵输入的燃油加压到15~20MPa的高压,然后将燃油经高压燃油分配管送到安装在汽缸内的高压喷油器,发动机 ECU 控制高压喷油器的开启,将高压燃油直接喷射到汽缸内。

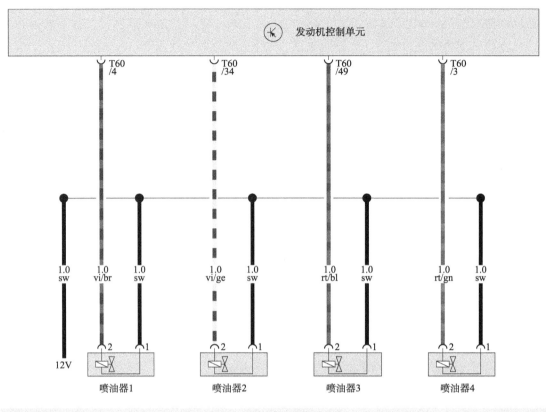

图 2-27 低压喷油器控制电路

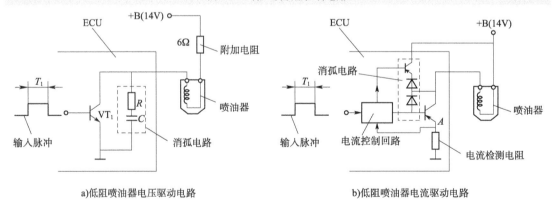

a)低阻喷油器电压驱动电路　　b)低阻喷油器电流驱动电路

图 2-28 喷油器驱动电路

1)高压燃油泵

高压燃油泵的结构如图 2-31 所示,高压燃油泵是燃油加压的关键部件,在低压燃油泵将燃油送到高压燃油泵之后,高压燃油泵可以将燃油加压到 15~20MPa,并将其送入高压燃油分配管。高压燃油泵通常是由凸轮轴带动,内部则有三头凸轮加压。高压燃油泵上还集成有燃油压力调节阀,它控制着高压燃油泵的进口阀,从而控制燃油压力。发动机 ECU 以脉冲宽度调制的方式控制燃油压力调节阀,当 ECU 驱动电路失效时,高压燃油泵进入低压模式,发动机仍可应急运行。

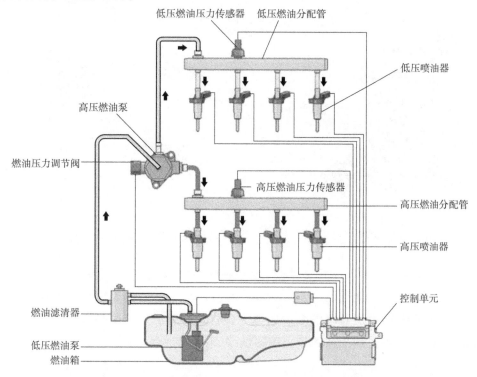

图 2-29　迈腾 B8L 乘用车 2.0 TSI 发动机燃油供给系统的组成

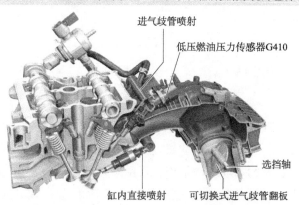

图 2-30　迈腾 B8L 乘用车 2.0 TSI 发动机燃油供给系统的结构

2)高压喷油器

高压喷油器有压电式和电磁阀式两种。电磁阀式高压喷油器与低压喷油器结构基本一样。压电式高压喷油器主要由压电元件、热补偿器和向外打开式喷油器针阀组成,如图 2-32 所示。压电元件通电后膨胀使喷油器针阀向外伸出阀座。为了能够承受相应阀门开启升程的不同运行温度,喷油器装有一个热补偿器。压电式高压喷油器的喷油响应性好,喷油控制精确,但对燃油的品质要求较高。

图 2-31 高压燃油泵的结构

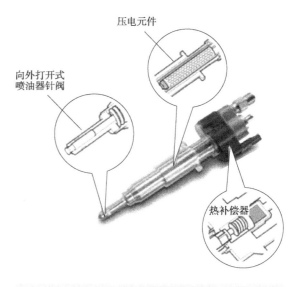

图 2-32 压电式喷油器的结构

压电元件是一个电气机械式转换器,由一种陶瓷材料制成,可将电能直接转化为机械能,其工作原理如图 2-33 所示。为了达到较大的行程,压电元件可以采用多层结构。执行机构模块由机械串联、电气并联的多个压电陶瓷材料层组成。压电晶体的偏移程度取决于所施加的电压,最多可达到晶体的最大偏移量,电压越高行程越大。

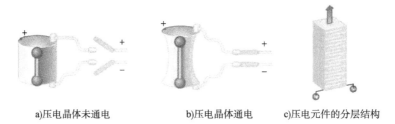

a) 压电晶体未通电　　b) 压电晶体通电　　c) 压电元件的分层结构

图 2-33 压电元件的工作原理

高压喷油器的控制与低压喷油器不同,高压喷油器的两端都由发动机 ECU 控制,其控制电路如图 2-34 所示。供电控制由发动机内部的升压电路控制,高压喷油器的工作电压比低压喷油器高得多,需要大约 60~80V 的电压,由发动机 ECU 内部升压电路提供。高压喷油器搭铁控制与低压喷油器控制方法相同,由发动机 ECU 控制高压喷油器的搭铁,其控制波形如图 2-35 所示。

2.2.4 电子控制系统

电子控制系统的功用是根据发动机运转状况和车辆运行状况确定燃油最佳喷射量和最佳点火提前角。此外,还可进行怠速控制、排放控制和自诊断控制等。电子控制系统由传感器、电子控制单元(ECU)和执行元件 3 部分组成,其控制框图如图 2-36 所示。

电子控制系统的核心是 ECU,ECU 根据发动机中各种传感器送来的信号控制喷油时间、点火正时等。传感器监测发动机的实际工况,计量各种信号并传输给 ECU,ECU 输出的各种控制指令由执行器执行。

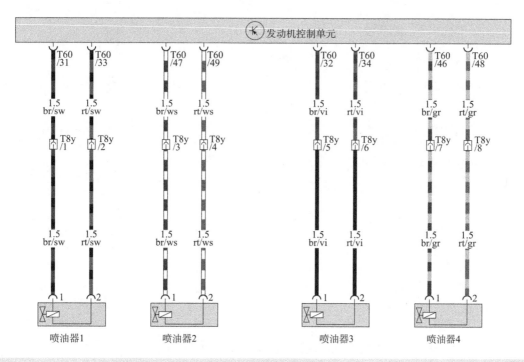

图 2-34 高压喷油器控制电路

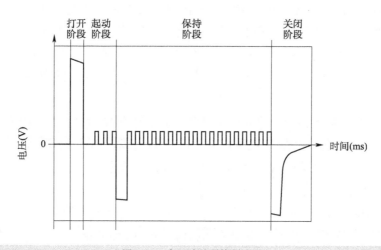

图 2-35 高压喷油器控制波形

1)传感器

传感器是用来测量或检测反映发动机运行状态下的各种物理量、电量和化学量等,并将它们转换成计算机能接受的电信号后再送给 ECU。常用的传感器主要有空气流量传感器、进气管绝对压力传感器、发动机转速与曲轴位置传感器、温度传感器、节气门位置传感器、氧传感器、爆震传感器等。另外,还有各类开关和继电器等。

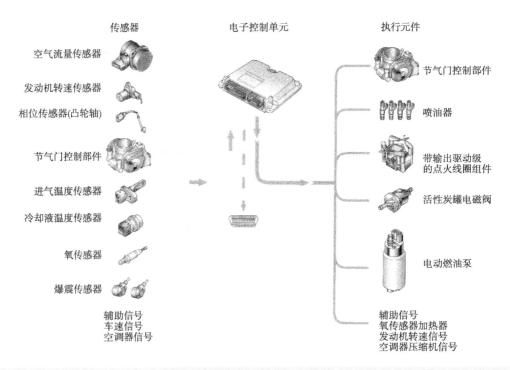

图 2-36 电子控制系统控制框图

（1）空气流量传感器。空气流量传感器安装在空气滤清器和节气门之间，它可对发动机进气量进行直接、精确的计量。按照空气流量传感器结构形式的不同，可分为热式空气流量传感器（也称为热式空气流量计）和卡门旋涡式空气流量传感器两种。

①热式空气流量传感器。目前应用较为广泛的是热式空气流量传感器。热式空气流量传感器按其检测元件的不同，可分为热线式空气流量传感器和热膜式空气流量传感器。

a. 热线式空气流量传感器。热线式空气流量传感器的结构如图 2-37 所示，主要由防护网、采样管、热线电阻、温度补偿电阻和控制电路板等组成。热线电阻和温度补偿电阻安装在主进气道中，控制电路板安装在热线式空气流量传感器下方。防护网用于防止回火和脏物进入热线式空气流量传感器。

热线式空气流量传感器的工作原理如图 2-38 所示。安装在控制电路板上的精密电阻 R_A 和 R_B 与热线电阻 R_H 和温度补偿电阻 R_K 组成惠斯通电桥电路。当空气流经热线电阻时，热线电阻温度降低，其相应的电阻值减小，使电桥失去平衡，若要保持电桥平衡，就必须增加流经热线电阻的电流，以恢复其温度和阻值。流经热线电阻的空气量不同，热线电阻的温度变化量和电阻值的变化量不同，为保持电桥平衡，流经热线电阻的电流也相应地变化。由于精密电阻 R_A 的电阻值是一定的，流经精密电阻 R_A 和热线电阻的电流相等（两电阻串联），所以精密电阻 R_A 两端的电压随流经热线电阻的空气量相应地变化，控制电路将精密电阻 R_A 两端的电压输送给 ECU 即可确定进气量。

项目二 电控燃油喷射系统构造与检修

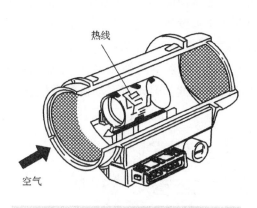

图2-37 热线式空气流量传感器的结构

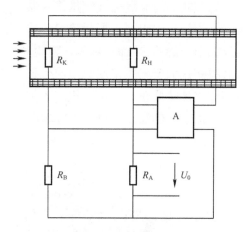

图2-38 热线式空气流量传感器的工作原理
R_K-温度补偿电阻;R_H-热线电阻;R_A、R_B-精密电阻;U_0-信号电压;A-控制电路

控制电路的作用是保持电桥平衡,即保持热线电阻与感应进气温度的温度补偿电阻之间的温度差不变。

为保证测量精度,热线式空气流量传感器一般都有自洁功能。发动机转速超过1500r/min、关闭点火开关使发动机熄火后,控制系统自动将热线电阻加热到1000℃以上并保持约1s,以便将附在热线电阻上的粉尘烧掉。

热线是圆筒内保持100℃的电线,由于进入发动机的空气会冷却热线,测量出热线保持100℃所需的电流,就可以算出空气流量。

热线式空气流量传感器能直接测量进气空气的质量流量,无需进行进气温度和大气压力修正,无运动部件,进气阻力小,响应特性较好,可正确测出急减速时空气进气量。

b. 热膜式空气流量传感器。热膜式空气流量传感器的结构如图2-39所示,其结构和工作原理与热线式空气流量传感器基本相同,不同之处在于热线式空气流量传感器的测量元件是采用铂丝热线制成的电阻,而热膜式空气流量传感器的测量元件不是采用价格昂贵的铂丝热线,而是用热膜代替热线,并将热膜镀在陶瓷片上,制造成本大大较低。此外,这种结构可使发热体不直接承受空气流动所产生的作用力,增加了发热体的强度,提高了使用寿命。它的金属网可以使测量信号稳定,由于这些优点,热膜式空气流量传感器的应用更为广泛。

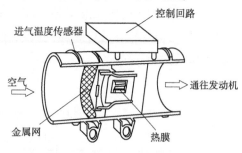

图2-39 热膜式空气流量传感器的结构

②卡门旋涡式空气流量传感器。卡门旋涡式空气流量传感器具有体积小、质量轻、结构简单等优点。按检测方式的不同,卡门旋涡式空气流量传感器可分为光学式和超声波式两种类型。

a. 光学式卡门旋涡空气流量传感器。光学式卡门旋涡空气流量传感器的结构如图2-40所示。在进气道内设有锥形涡流发生器,当空气流经进气道时,会在涡流发生器的后部产生有规律的卡门旋涡,从而导致涡流发生器周围的空气压力发生变化,变化的压力经导压孔引向金属膜制成的反光镜使反光镜产生振动,其振动频率与涡流发生的频率相等,而涡流发生频率与空气流速成正比。反光镜将发光二极管投射的光反射给光敏晶体管,通过光敏晶体管检测涡流发生的频率,并向ECU输送信号,ECU则根据此信号确定发动机的进气量。

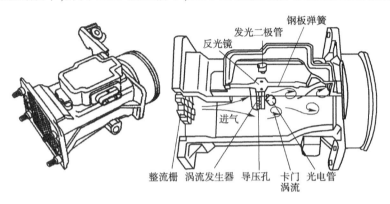

图2-40 光学式卡门旋涡空气流量传感器

b. 超声波式卡门旋涡空气流量传感器。超声波式卡门旋涡空气流量传感器主要由超声波信号发生器、超声波发射探头、涡流稳定板、涡流发生器、整流栅、超声波接收探头和转换电路等组成,如图2-41所示。当空气流经涡流发生器时,在其后部的超声波发射探头与超声波接收探头之间产生有规律的卡门旋涡。超声波发射探头不断地接收超声波信号发生器输送来的超声波信号,并将其转换成机械波。超声波接收探头安装在超声波发射探头的正对面,它利用压电效应将接收到的机械波转换成电信号输送给转换电路。因卡门旋涡对空气密度的影响,会使机械波从超声波发射探头传到超声波接收探头的时间产生相位差。转换电路对此相位信号进行处理,就可以得到与涡流发生的频率成正比的脉冲信号,即代表空气体积流量的电信号。

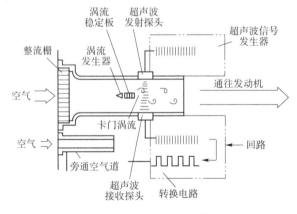

图2-41 超声波式卡门旋涡空气流量传感器

卡门旋涡式空气流量传感器直接测得的是空气的体积流量,因此,在空气流量传感器内均装有进气温度传感器,以便对随气温而变化的空气密度进行修正,从而正确计算出进气质量流量。卡门涡流式空气流量传感器信号一般是以频率输出的。当空气流量变化时,电压始终不变,而输出的脉冲频率发生变化,因此,不能根据测量电压高低确定空气流量的变化。对于卡门旋涡式空气流量传感器,进气量愈大,脉冲信号的频率愈高,进气量愈小,脉冲信号频率愈低。

(2)进气管绝对压力传感器。电控燃油喷射系统可通过进气管压力和发动机转速推算出发动机进气量,进气管压力的测定依靠进气管绝对压力传感器完成。进气管绝对压力传感器种类较多,就其信号产生原理可分为半导体压敏电阻式、电容式、膜盒传动的可变电感式和表面弹性波式等。

半导体压敏电阻式压力传感器如图2-42所示,它是利用半导体的压电效应原理制成的,这种传感器是将硅片的周边固定在基座上,再将整体封入一壳体内,并在壳体内形成真空。当通道口与进气管相连接时,进气管内的压力就会使传感器内的膜片产生压力,此时由应变电阻组成的电桥电路就会输出与进气管内压力成比例的电压。由于基准压力是真空的压力,使用这种压力传感器可以测定出进气管的绝对压力。半导体压敏电阻式压力传感器具有体积小、精度高、成本低和可靠性、抗振性好等特点,在现代汽车上得到了广泛应用。

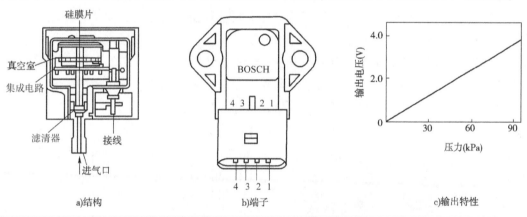

图2-42 半导体压敏电阻式压力传感器

由于压力传感器结构和测量原理的要求,压力传感器安装在振动较小的车身处,用一根橡胶管作为取气管与进气管相连。

(3)曲轴位置传感器。曲轴位置传感器能提供发动机转速、曲轴转角位置及汽缸行程位置信号,以此确定发动机的基本喷油时刻、喷油量及点火时刻。此外,就其安装部位来看,有的安装在曲轴前端,有的安装在凸轮轴前端或飞轮上。车型不同,所采用的结构形式有所不同,所以也有曲轴位置传感器或凸轮轴位置传感器之说,两者的原理和结构形式基本相同,只是安装位置有所区别而已。曲轴位置传感器形式很多,其中使用最多的是磁感应式传感器和霍尔式传感器。

①磁感应式传感器。磁感应式传感器是利用磁力线的变化来识别转速和位置信号,其

结构和原理如图 2-43 所示。传感器主要由信号转子、线圈和永久磁铁组成,当信号转子旋转时,磁路中的气隙就会发生周期性的变化,磁路的磁阻和穿过信号线圈磁头的磁通量随之发生周期性的变化。根据电磁感应原理,线圈中就会感应产生交变电动势,ECU 根据电压变化的次数来判断曲轴的位置和转速。

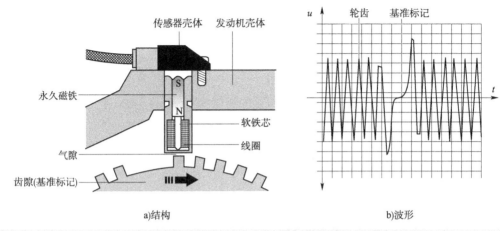

图 2-43　磁感应式传感器的结构和原理

②霍尔式传感器。霍尔式传感器是利用霍尔效应原理来识别转速和位置信号,其基本结构和原理如图 2-44 所示,霍尔式传感器主要由靶轮和霍尔集成电路组成。靶轮安装在曲轴上,与曲轴一起转动,在靶轮上具有 30 对磁极,其中有一对宽磁极用来识别一缸上止点位置信号。霍尔集成电路固定在发动机壳体上,测量端与靶轮保持一定的距离。当靶轮随曲轴转动时,霍尔集成电路就会检测到来自靶轮的信号。曲轴转动一圈,会产生 60 个信号。发动机 ECU 通过产生信号的数量就可以识别发动机的转速。

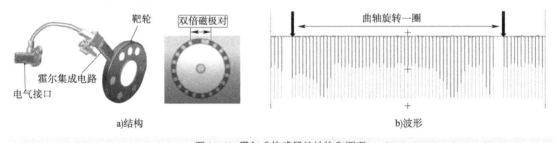

图 2-44　霍尔式传感器的结构和原理

(4)温度传感器。温度传感器有冷却液温度传感器、进气温度传感器与排气温度传感器等,这些传感器多数采用的是负温度系数的热敏电阻式温度传感器,即热敏电阻的阻值随温度的升高而减小。

①冷却液温度传感器。冷却液温度传感器安装在发动机出水口附近,它的功用是检测发动机冷却液温度。冷却液温度传感器的结构及特性曲线如图 2-45 所示。冷却液温度传感器由封闭在金属盒内的对温度变化非常敏感的负温度系数热敏电阻(NTC 电阻)构成,利用电阻值的变化来检测冷却液的温度。冷却液温度越低电阻值越大,冷却液温度越高电阻值越小。将冷却液温度传感器的信号输入到 ECU,就可以根据冷却液温度进行喷油量的控

制和点火时刻的修正。

②进气温度传感器。对于间接测量进气量以及通过体积流量计量进气量的传感器,由于吸入空气温度的变化会引起空气密度发生变化,从而引起进气质量发生相应变化,因此,需要用进气温度传感器检测发动机吸入空气的实际温度,以便准确计量进气质量。进气温度传感器的结构如图2-46所示,进气温度传感器内部结构是一个负温度系数的热敏电阻,当进气温度变化时,热敏电阻值发生变化,温度越高,阻值越小。

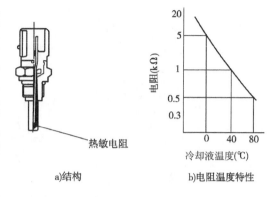

图2-45 冷却液温度传感器

进气温度传感器电路如图2-47所示。在ECU中有一个标准电阻R与传感器的热敏电阻串联,点火开关接通后,ECU给串联的标准电阻和热敏电阻提供5V标准电压,当热敏电阻随进气温度变化时,传感器信号端子THA与搭铁端子E之间的分压值随之变化,ECU根据此分压值判断进气温度,其信号电压值与温度成反比(即温度越高,信号电压越低)。此电阻值根据温度在-55~230℃的范围内变化,对应于260000~37Ω。

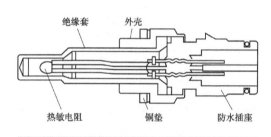

图2-46 进气温度传感器的结构

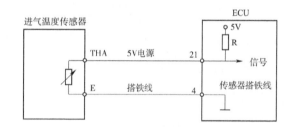

图2-47 进气温度传感器电路图

(5)加速踏板位置传感器。加速踏板位置传感器的主要作用是将加速踏板踩下的量(角度)信号转换成送至发动机ECU的电压信号。为了确保工作可靠性,加速踏板位置传感器具有两个不同输出特性的输出信号。加速踏板位置传感器主要有线性型加速踏板位置传感器和霍尔型加速踏板位置传感器两种类型。

①线性型加速踏板位置传感器。线性型加速踏板位置传感器的结构如图2-48a)所示,其内部是一个可变电阻器,一端与加速踏板相连接,随着加速踏板的开度(角度)变化,可变电阻器的阻值发生变化,通过VPA端子输出电压信号给发动机ECU。VPA2作为辅助信号,其工作原理如图2-48b)所示。

从两个可变电阻输出的信号之一的VPA信号,能在加速踏板踩下全程范围内,呈线性关系地输出电压,作为主要输出信号;另一个VPA2信号,能输出偏离VPA信号的偏置电压,作为辅助信号,如图2-49所示。

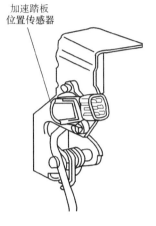 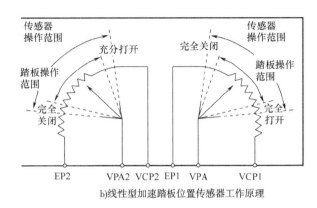

a) 线性型加速踏板位置传感器结构　　　b) 线性型加速踏板位置传感器工作原理

图 2-48　线性型加速踏板位置传感器

②霍尔型加速踏板位置传感器。霍尔型加速踏板位置传感器结构如图 2-50 所示,其内部有一个霍尔传感器 IC(集成电路),当加速踏板角度改变时,与加速踏板相连的磁体转动使得磁通量发生变化,传感器通过 VPA 端子输出电压信号给发动机控制模块(ECM),其线路图如图 2-51a),其输出信号如图 2-51b)所示。

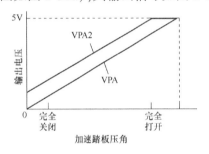 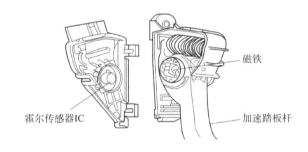

图 2-49　线性型加速踏板位置传感器输出信号　　　图 2-50　霍尔型加速踏板位置传感器的结构

(6)节气门位置传感器。节气门体是调节控制吸入发动机空气的部件,而节气门位置传感器安装在节气门轴上,用来检测节气门开度,以反映发动机的不同工况(怠速、加速、减速)以及发动机的负荷状态。

对于装备自动变速器的车辆,节气门位置传感器信号还是自动变速器进行自动换挡控制的重要参数。常见的节气门位置传感器有滑动变阻式和霍尔式等类型。

①滑动变阻式节气门位置传感器。如图 2-52 所示,滑动变阻式节气门位置传感器是电位器式的角度传感器,有一个或两个特性,带触头的滑动臂与节气门轴连接,滑动触头在薄膜电阻上滑动,将节气门的转角转换成与转角成比例的相对电压值,滑动变阻式节气门位置传感器的工作电压为 5V。

②霍尔式节气门位置传感器。霍尔式节气门位置传感器包括固定在轴上的永久磁铁、能根据磁通量密度输出电压的霍尔 IC 以及介于两者之间具有引导磁通量功能的定子,如

图 2-53 所示。节气门全闭时,通过霍尔 IC 的磁通量密度保持在最小值,以得到最小的电压输出;节气门全开时,通过霍尔 IC 的磁通量密度保持在最大值,以得到最大的电压输出。节气门位置传感器同时有两个信号输出,从而可以增进系统监测故障的准确性,并加强了失效安全保护的功能以提高可靠性。霍尔式节气门位置传感器的导通性不能用万用表检测,其性能好坏可以通过示波器检测信号电压波形进行判断。

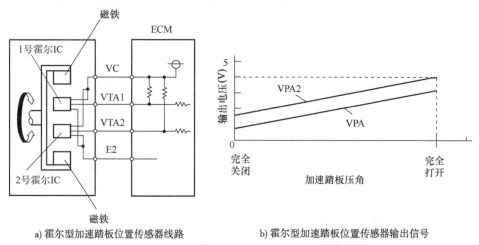

图 2-51 霍尔型加速踏板位置传感器

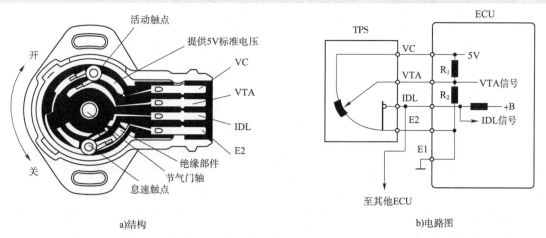

图 2-52 滑动变阻式节气门位置传感器

(7) 高压燃油压力传感器。高压燃油压力传感器如图 2-54 所示,它由集成式传感器元件、带分析电路的印刷电路板、带电气插口的传感器壳体构成。燃油通过高压接口到达传感器隔膜处,隔膜上有传感器元件(半导体元件),该元件用于将因压力而产生的变形转换为电信号。产生的电信号通过连接导线传至分析电路,该电路将经过处理的测量信号通过接口提供给 ECU。

(8) 氧传感器。氧传感器安装在排气管上,用来检测排气中氧的浓度。目前使用的氧传感器有氧化锆(ZrO_2)式、氧化钛(TiO_2)式和宽量程氧传感器 3 种类型。

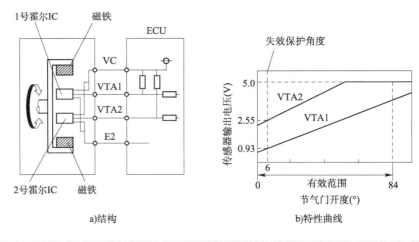

图2-53 霍尔式节气门位置传感器

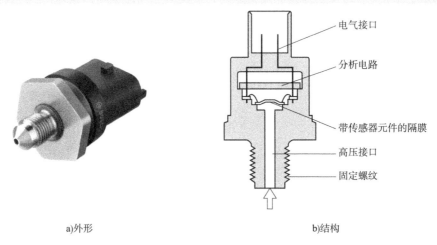

图2-54 高压燃油压力传感器外形及结构

①氧化锆（ZrO_2）式氧传感器。氧化锆（ZrO_2）式氧传感器的结构如图2-55所示，其基本元件是氧化锆管，氧化锆管固定在带有安装螺纹的固定套内，在氧化锆管的内、外表面均覆盖着一薄层铂作为电极，传感器内侧通大气，外侧直接与排气管中的废气接触。在氧化锆管外表面的铂层上，还覆盖着一层多孔的陶瓷涂层，并加有带槽口的防护套管，用来防止废气对铂电极产生腐蚀；在传感器的线束连接器端有金属护套，其上设有小孔，以便使氧化锆管内侧通大气。

当混合气的实际空燃比小于理论空燃比，即发动机以较浓的混合气运转时，排气中氧含量少，但CO、HC等较多。这些气体在锆管外表面铂的催化作用下与氧发生反应，将耗尽排气中残余的氧，使锆管外表面氧气浓度变为零，这就使得锆管内、外侧氧浓度差加大，两铂极间电压陡增。因此，氧化锆式氧传感器产生的电压将在理论空燃比时发生突变：当混合气较稀时，输出电压几乎为零；当混合气较浓时，输出电压接近1V。

②氧化钛式氧传感器。氧化钛式氧传感器是利用二氧化钛（TiO_2）材料的电阻值随排气中氧含量的变化而变化的特性制成的，故又称电阻型氧传感器，其结构如图2-56所示。纯

二氧化钛在常温下是一种高电阻的半导体，但表面一旦缺氧，其晶格便出现缺陷，电阻随之减小。由于二氧化钛的电阻也随温度不同而变化，因此，在二氧化钛式氧传感器内部也有一个电加热器，以保持氧化钛式氧传感器在发动机工作过程中的温度恒定不变。

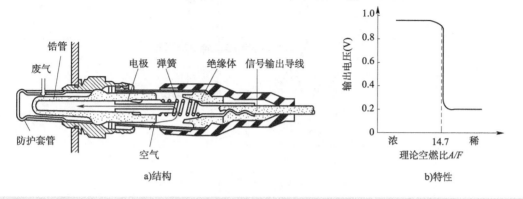

图2-55　氧化锆式氧传感器结构及特性

当发动机混合气稀、排气中氧含量较多时，传感元件周围的氧离子浓度较大，则阻值低，输出低电压；当发动机的混合气浓、排气中氧含量少时，传感元件周围的氧离子很少，则阻值高，输出高电压。利用适当的电路对电阻变量进行处理，即可转换成电压信号输送给 ECU，用来确定实际的空燃比。氧化钛式氧传感器的电阻将在混合气的空燃比 A/F 约为 14.7 时产生突变。

③宽量程氧传感器。宽量程氧传感器在混合气从稀到浓的整个区域均呈现线性输出特性。宽量程氧传感器的结构及工作原理如图 2-57 所示，它是在普通型氧传感器的基础上增加了单元泵和测量室。测量室上有扩散通孔，尾气通过扩散通孔进入测量室。单元泵受 ECU 控制，可将尾气中的氧泵入测量室，也可将测量室中的氧泵入排气管。ECU 一直控制着单元泵的工作电流，通过改变测量室中氧的含量，使氧传感器的信号电压始终保持在 450mV。

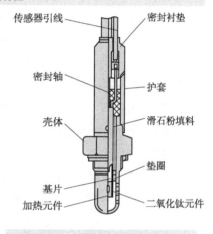

图2-56　氧化钛式氧传感器结构

当混合气过浓时，氧传感器电压值超过 450mV。单元泵若仍以原来转速工作，测试室的氧含量少。此时，ECU 通过控制电路增大单元泵的工作电流，使单元泵旋转速度增加，增加泵氧速度。单元泵泵入测试室中的氧含量增加，使氧传感器电压值恢复到 450mV。

当混合气过稀时，氧传感器电压值低于 450mV。单元泵若仍以原来的转速运转，会泵入较多的氧，测试室中氧的含量较多。为能使氧传感器电压值尽快恢复到 450mV 的电压值，ECU 通过控制电路减小单元泵的工作电流，使泵入测试室的氧含量减少。

2）电子控制单元（ECU）

电子控制单元（ECU）是发动机电控系统的核心，ECU 可根据发动机不同的工况，向发动机提供最佳空燃比的混合气和最佳的点火时间，使发动机始终处于最佳的工作状态，发动机的性能达到最佳,其结构如图 2-58 所示。

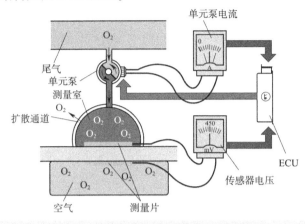

图 2-57　宽量程氧传感器的结构及工作原理

ECU 可对各种传感器输入的信息进行运算、处理、判断,然后输出指令,控制喷油时间、点火正时。ECU 一般由微型计算机、输入接口、输出接口及控制电路等组成。

（1）输入接口。ECU 最主要的输入接口是传感器接口（例如转速、负荷、温度、压力等）,各种传感器的信号输入 ECU 后,先进入输入回路处理,进行滤除杂波和信号转换,将信号转换成 ECU 能识别的数字信号。

（2）输出接口。ECU 主要的输出接口是控制接口,它控制外部执行元件（例如喷油器、点火线圈、电动燃油泵等各种电动机和电磁阀）的动作。

（3）微型计算机。微型计算机是控制系统的神经中枢,其功用是根据工作需要,利用其内存程序和数据对各传感器输送来的信号进行运算处理,并将处理结果送往输出回路。微型计算机主要由中央处理器（CPU）、存储器（RAM/ROM）和输入输出（I/O）装置组成,如图 2-59 所示。

图 2-58　ECU 的结构

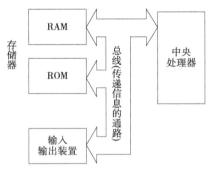

图 2-59　微型计算机组成示意图

①中央处理器（CPU）。中央处理器主要由进行算术运算和逻辑运算的运算器、暂时存储数据的寄存器、按照程序在各装置之间完成信号传送及控制任务的控制器等组成,其功用是读出命令并执行数据处理任务。

②存储器。存储器的功用是存储信息资料,包括随机存储器（RAM）和只读存储器（ROM）。随机存储器（RAM）是用来暂时存储信息的,如存储计算机输入、输出和计算过程

中产生的中间数据等。存储的信息可随时调出或被新的数据取代,当切断电源时,存储在 RAM 中的信息将丢失。为使故障代码等信息在 RAM 中能保存较长时间,一般用不受点火开关控制的专用电路给 RAM 提供电源,但当专用电路断开(如拆开蓄电池电缆)时,存储在 RAM 中的信息仍会丢失。只读存储器(ROM)是用来存储固定信息的(如控制程序和发动机特征参数等),存储的内容一般由制造商一次性存入,使用中不能更改,但可以随时调出使用,即使切断电源,ROM 中存储的信息也不会丢失。

③输入输出(I/O)装置。输入输出装置是计算机与外界进行信息交流的纽带,在控制系统工作时,输入/输出装置根据 CPU 的命令在 CPU 与输入回路和输出回路之间负责数据传送。

输入输出装置一般称为 I/O 接口,具有数据缓冲、电平匹配和时序匹配等多种功能。

3)执行元件

执行器是执行 ECU 的控制信息,将其变成具体控制动作的装置。在电控燃油喷射系统中主要的执行器有喷油器、电动燃油泵和点火线圈等。

(1)描述电控燃油喷射系统的工作原理。
(2)试分析发动机电控燃油喷射系统失效或工作不良故障的原因。

2.3 电控燃油喷射系统的检修

2.3.1 空气供给系统主要部件的检修

本部分以卡罗拉(1.6L)乘用车空气供给系统主要部件的检修为例进行说明。

2.3.1.1 检查进气系统(车上检查)

检查并确认图 2-60 中箭头所示位置没有吸气现象。

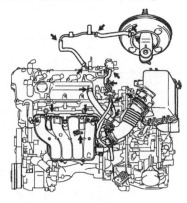

图 2-60 检查进气系统(车上检查)

2.3.1.2 空气滤清器和软管的检修

空气滤清器和软管相关部件分解图如图2-61所示。

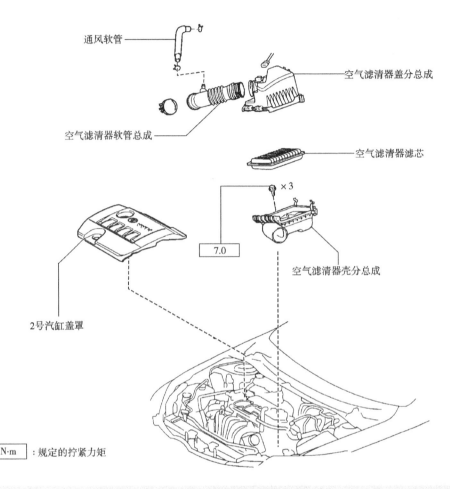

图2-61 空气滤清器和软管相关部件分解图

1)空气滤清器和软管的拆卸

(1)拆卸2号汽缸盖罩。

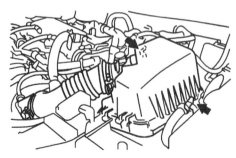

图2-62 空气滤清器和软管的拆卸(一)

(2)拆卸空气滤清器盖分总成。

①断开空气流量传感器插接器。

②如图2-62所示,断开2个卡夹。

③如图2-63所示,断开箍带和通风软管,并拆下空气滤清器盖分总成。断开箍带和空气滤清器软管。

(3)拆卸空气滤清器壳分总成。如图2-64所示,从空气滤清器上分离空气滤清器滤芯,将线束卡夹从空气滤清器壳上断开,并拆下空气滤清器壳上的3个螺栓。

2)空气滤清器和软管的安装

(1)安装空气滤清器壳分总成。使用3个螺栓,安装空气滤清器壳(图2-64),拧紧力矩为7.0N·m。将线束卡夹连接至空气滤清器壳。安装空气滤清器滤芯。

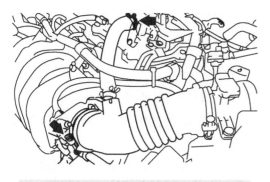

图2-63 空气滤清器和软管的拆卸(二)　　图2-64 空气滤清器和软管的拆卸(三)

(2)安装空气滤清器盖分总成。

①用箍带连接通风软管(图2-63)。用箍带连接空气滤清器软管。安装空气滤清器盖分总成。用箍带连接通风软管。

②连接2个卡夹(图2-62),连接空气流量传感器插接器。

(3)安装2号汽缸盖罩。

2.3.1.3 节气门体的检修

节气门体相关部件分解图如图2-65所示。

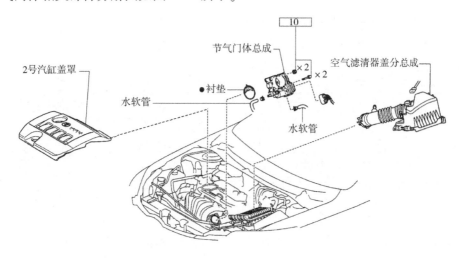

图2-65 节气门体相关部件分解图

1)检查节气门体总成(车上检查)

(1)检查节气门控制电动机的工作声音。

①将点火开关置于 ON 位置。

②踩下加速踏板时,检查电动机的工作声音。确保电动机没有摩擦噪声。如果有摩擦噪声,则更换节气门体。

(2)检查节气门位置传感器。

①将智能检测仪连接到 DLC3。

②将点火开关置于 ON 位置并开启检测仪。

③选择以下菜单项:Powertrain/Engine and ECT/Data List/Throttle Position。

④节气门全开时,检查并确认"Throttle Position"值在规定范围内。标准节气门开度百分比为 60% 或更高。

注意:检查标准节气门开度百分比时,换挡杆应在 N 位置。如果百分比小于60%,则更换节气门体。

2)节气门体的拆卸

(1)排净发动机冷却液。

(2)拆卸 2 号汽缸盖罩。

(3)拆卸空气滤清器盖分总成。

①断开空气流量传感器插接器。

②断开 2 个卡夹(图 2-62)。

③断开箍带和通风软管(图 2-63),并拆下空气滤清器盖分总成。

(4)拆卸节气门体总成。

①如图 2-66 所示,断开插接器和 2 根水软管。

②如图 2-67 所示,拆下 2 个螺栓、2 个螺母和节气门体。拆下衬垫。

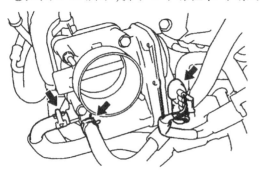 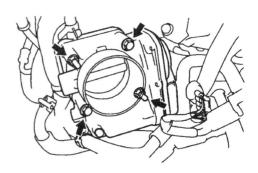

图 2-66 节气门体的拆卸(一)　　　　图 2-67 节气门体的拆卸(二)

3)节气门体的检查

如图 2-68 所示,测量端子 1(M-)与端子 2(M+)之间的电阻,标准电阻为 0.3~100Ω(在 20°C 时)。如果检测结果不符合规定,则更换节气门体总成。

4)节气门体的安装

(1)安装节气门体总成。

①将新衬垫安装至进气歧管。

②用2个螺栓和2个螺母安装节气门体(图2-67),拧紧力矩为10N·m。

③连接插接器和2根水软管(图2-66)。

(2)安装空气滤清器盖分总成。

①安装空气滤清器盖分总成,用箍带连接通风软管(图2-63)。

②连接2个卡夹(图2-62),连接空气流量传感器插接器。

(3)安装2号汽缸盖罩。

(4)添加发动机冷却液。

(5)检查冷却液是否泄漏。

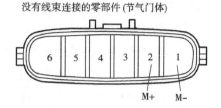

图2-68 节气门体的检查

2.3.2 燃油供给系统主要部件的检修

2.3.2.1 检查燃油压力(车上检查)

本部分以卡罗拉(1.6L)乘用车燃油供给系统燃油压力的检查为例进行说明。

(1)燃油供给系统卸压。

(2)用电压表测量蓄电池电压。蓄电池正极端子与负极端子之间在点火开关置于OFF位置时,标准电压为11~14V。

(3)从蓄电池负极(-)端子上断开电缆。

(4)从主燃油管上断开燃油软管。

(5)如图2-69所示,用其他SST 09268-31012(09268-41500、90467-13001、95336-08070),09268-45014(09268-41200、09268-41220、09268-41250)安装SST(压力表)。

(6)擦掉任何燃油。

(7)将电缆连接到蓄电池负极(-)端子上。

(8)将智能检测仪连接到DLC3上。

(9)选择以下菜单:Powertrain/Engine/Active Test/Control the Fuel Pump/Speed。

(10)测量燃油压力。燃油压力为304~343kPa。如果燃油压力大于标准值,更换燃油压力调节器;如果燃油压力小于标准值,检查燃油软管的连接情况、电动燃油泵、燃油滤清器和燃油压力调节器。

(11)从DLC3上断开智能检测仪。

(12)起动发动机。

(13)测量急速时的燃油压力。燃油压力为

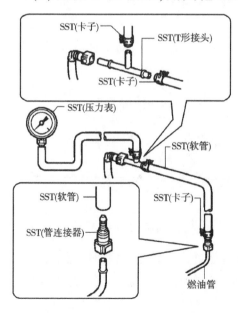

图2-69 检查燃油压力

304~343kPa。

(14) 关闭发动机。

(15) 检查并确认燃油压力在发动机停止后能按规定持续5min。燃油压力为147kPa或更高。如果燃油压力不符合规定,则检查电动燃油泵或喷油器。

(16) 检查燃油压力后,从蓄电池上负极(-)端子上断开电缆,然后小心地拆下SST,以防燃油溅出。

(17) 将燃油管重新连接到主燃油管上(燃油管插接器)。

(18) 将1号燃油管卡夹安装到燃油管插接器上。

(19) 检查燃油是否泄漏。

2.3.2.2 燃油滤清器的更换

本部分以卡罗拉(1.6L)乘用车燃油供给系统燃油滤清器的更换为例进行说明。

1) 更换步骤

(1) 拆卸后排座椅坐垫总成。

(2) 拆卸后地板检修孔盖。

(3) 燃油系统卸压。拔下电动燃油泵熔断丝,起动发动机,在发动机自然停止后,将点火开关置于OFF位置;再次起动发动机,确认发动机不起动;拆下燃油箱盖并释放燃油箱中的压力。

(4) 从蓄电池负极端子断开电缆。

(5) 断开电动燃油泵插头、燃油箱主管、燃油蒸发管总成。

(6) 拆卸电动燃油泵挡圈。

①如图2-70所示,用6mm六角套筒扳手,将SST安装到电动燃油泵挡圈上,将SST槽口插入电动燃油泵挡圈肋片。

②如图2-71所示,使SST松开电动燃油泵挡圈;用手固定燃油吸油管总成,以拆下电动燃油泵挡圈。

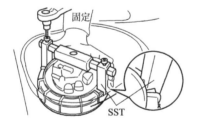 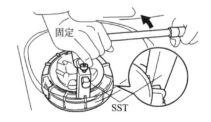

图2-70 燃油滤清器的更换(一)　　图2-71 燃油滤清器的更换(二)

(7) 拆卸燃油表传感器总成。如图2-72所示,断开燃油表传感器总成插接器,从线束上拆下线束保护装置,断开3个线束卡夹,松开锁止,并滑动燃油表传感器总成以将其拆下。

(8) 拆卸燃油滤清器。

①如图2-73所示,断开电动燃油泵线束插接器。

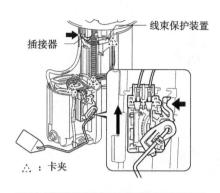

图 2-72 燃油滤清器的更换(三)

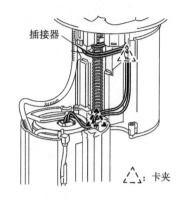

图 2-73 燃油滤清器的更换(四)

②如图 2-74 所示,断开 2 个线束卡夹,断开电动燃油泵滤清器软管。

③如图 2-75 所示,用头部缠有保护胶带的螺丝刀,脱开上部 2 个卡爪。

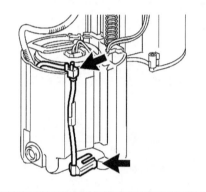

图 2-74 燃油滤清器的更换(五)

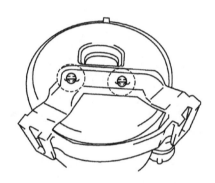

图 2-75 燃油滤清器的更换(六)

④如图 2-76 所示,脱开下部 5 个卡爪并拆下吸油管支架,拆下电动燃油泵滤清器和电动燃油泵,并断开电动燃油泵线束。

(9)安装新的滤清器,按相反的顺序进行装配。

2)注意事项

(1)按要求更换所有 O 形圈,O 形圈在装配前要涂抹燃油。

(2)不要拆解电动燃油泵和吸油滤清器,因为它们是不可重复使用零件。

(3)注意做好后座区的防护,不要让燃油溅出,以免造成客户投诉。

2.3.2.3 电动燃油泵的检修

本部分以卡罗拉(1.6L)乘用车燃油供给系统电动燃油泵的检修为例进行说明。电动燃油泵相关部件分解图如图 2-77 和图 2-78 所示。

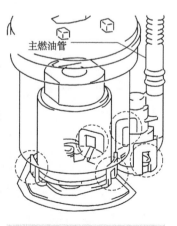

图 2-76 燃油滤清器的更换(七)

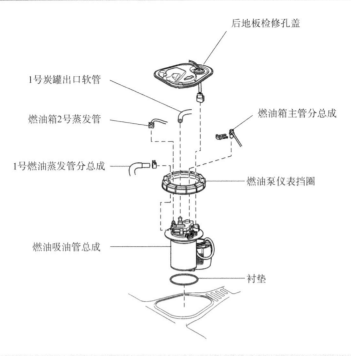

图 2-77　电动燃油泵相关部件分解图（一）

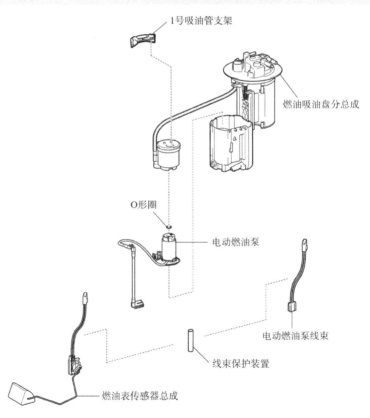

图 2-78　电动燃油泵相关部件分解图（二）

1)电动燃油泵拆卸

(1)拆卸后排座椅坐垫总成。

(2)拆卸后地板检修孔盖。如图2-79所示,拆下后地板检修孔盖,将插接器从燃油吸油管总成上断开。

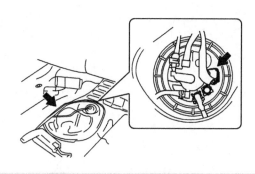

图2-79 电动燃油泵的拆卸(一)

(3)燃油系统卸压。

①起动发动机。在发动机自然停止后,将点火开关置于OFF位置。

注意:可能设置DTC P0171/25。

②再次起动发动机,确认发动机不起动。

③拆下燃油箱盖并释放燃油箱中的压力。

(4)将电缆从蓄电池负极端子断开。

(5)断开燃油箱主管分总成。如图2-80所示,拆下油管接头卡子,然后从燃油吸油管总成的螺塞上拉出燃油管接头。

注意:断开前,检查并确认燃油管接头周围没有污物或其他异物,如有必要,清洁接头;必须防止污垢或灰尘进入接头,如果污垢或灰尘进入接头,O形圈可能密封不良;仅用手断开接头;不要使尼龙管弯曲、打结或扭曲;盖上塑料袋以保护接头。

(6)断开1号燃油蒸发管分总成。如图2-81所示,松开卡子,并从燃油吸油管总成上拆下1号燃油蒸发管分总成。

(7)断开1号炭罐出口软管。如图2-82所示,将1号炭罐出口软管从燃油吸油管总成上断开。

(8)断开燃油箱2号蒸发管。如图2-83所示,松开挡圈,并将燃油箱2号蒸发管从燃油吸油管总成上断开。

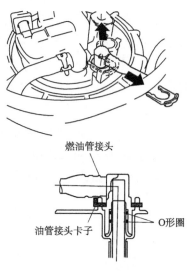

图2-80 电动燃油泵的拆卸(二)

(9)拆卸电动燃油泵仪表挡圈。

①如图2-84所示,用6mm六角套筒扳手,将SST 09808-14020(09808-01410、09808-01420、09808-01430)安装到电动燃油泵仪表挡圈上。

注意:将SST槽口插入电动燃油泵仪表挡圈肋片。

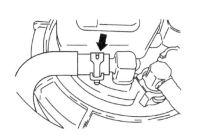

图2-81 电动燃油泵的拆卸(三)

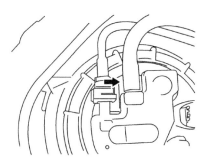

图2-82 电动燃油泵的拆卸(四)

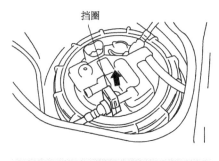

图2-83 电动燃油泵的拆卸(五)

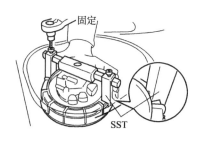

图2-84 电动燃油泵的拆卸(六)

②如图2-85所示,使用SST 09808-14020(09808-01410、09808-01420、09808-01430),松开电动燃油泵仪表挡圈。

注意:不要使用其他任何工具,例如螺丝刀;将SST槽口插入电动燃油泵仪表挡圈肋片。用手固定燃油吸油管总成,以拆下电动燃油泵仪表挡圈。

(10)拆卸燃油吸油管总成。

①将燃油吸油管总成从燃油箱上拆下。

注意:确保燃油表传感器臂没有弯曲。

②如图2-86所示,将衬垫从燃油箱上拆下。

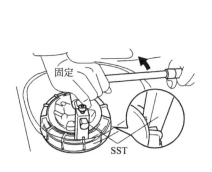

图2-85 电动燃油泵的拆卸(七)

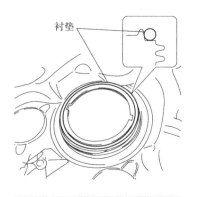

图2-86 电动燃油泵的拆卸(八)

2)电动燃油泵的拆解

(1)拆卸燃油表传感器总成。

(2)拆卸电动燃油泵。

①如图 2-87 所示,断开电动燃油泵线束插接器。断开 2 个线束卡夹。

注意:不要损坏线束。

②如图 2-88 所示,断开电动燃油泵滤清器软管。

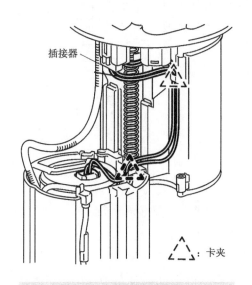

图 2-87 电动燃油泵的拆解(一)　　图 2-88 电动燃油泵的拆解(二)

③如图 2-89 所示,用头部缠有保护胶带的螺丝刀,脱开 2 个卡爪,并从副燃油箱上拆下燃油滤清器和电动燃油泵。

④如图 2-90 所示,用头部缠有保护胶带的螺丝刀,脱开 2 个卡爪并拆下 1 号吸油管支架。

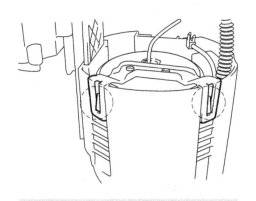
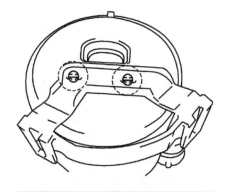

图 2-89 电动燃油泵的拆解(三)　　图 2-90 电动燃油泵的拆解(四)

⑤如图 2-91 所示,用头部缠有保护胶带的螺丝刀,脱开 5 个卡爪,并从燃油滤清器上拆

下电动燃油泵滤清器和电动燃油泵。

注意：不要损坏电动燃油泵滤清器；不要拆下吸油滤清器；如果已从电动燃油泵上拆下吸油滤清器，则不要使用电动燃油泵或吸油滤清器；不要断开主燃油管。

⑥如图 2-92 所示，断开电动燃油泵线束。

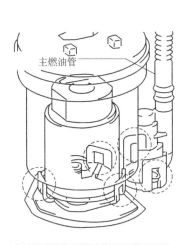

图 2-91　电动燃油泵的拆解（五）　　图 2-92　电动燃油泵的拆解（六）

⑦如图 2-93 所示，拆下 O 形圈。

3）电动燃油泵的检查

（1）检查电阻。如图 2-94 所示，用欧姆表测量电动燃油泵端子 1 与端子 2 之间的电阻，应符合表 2-1 所示要求。如果测量结果不符合规定，则更换电动燃油泵。

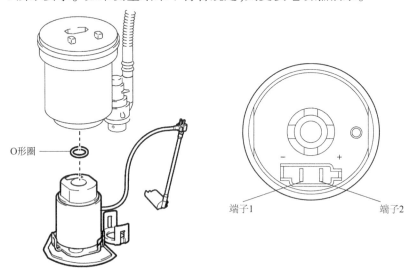

图 2-93　电动燃油泵的拆解（七）　　图 2-94　电动燃油泵的检查

（2）检查工作情况。在两个端子之间施加蓄电池电压。检查并确认电动燃油泵工作。

注意：这些测试必须迅速完成（少于 10s），以防止线圈烧坏；使电动燃油泵尽量远离蓄电池;务必在蓄电池侧进行操作;如果电动机不工作,则更换电动燃油泵。

标准电阻　　　　　　　　　　　　　　　　表2-1

检测仪连接	条　件	规 定 状 态
1-2	在20℃时	0.2~3.0Ω

4)电动燃油泵的重新装配

(1)安装电动燃油泵。

①如图2-95所示,在新O形圈上涂抹汽油,然后将其安装到燃油滤清器上。

注意:不要拆解电动燃油泵和吸油滤清器,因为它们是不可重复使用零件。

②连接电动燃油泵线束(图2-92)。

③接合5个电动燃油泵卡爪(图2-91)。

注意:不要拆下吸油滤清器;如果已从电动燃油泵上拆下吸油滤清器,则不要使用电动燃油泵或吸油滤清器。

④接合1号吸油管支架的2个卡爪(图2-90)。

⑤接合吸油管支架的2个卡爪,并将燃油滤清器和电动燃油泵安装到副燃油箱上(图2-89)。

⑥如图2-96所示,将电动燃油泵滤清器软管槽对准副燃油箱的切口并安装软管。

注意:不要对燃油管或吸油管支架施加过大的力。

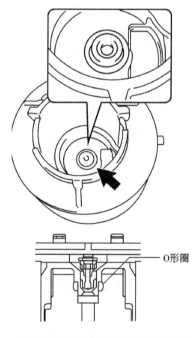
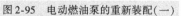

图2-95　电动燃油泵的重新装配(一)

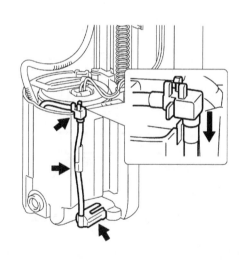

图2-96　电动燃油泵的重新装配(二)

⑦连接电动燃油泵线束插接器,连接2个线束卡夹(图2-87)。

注意:不要损坏线束。

(2)安装燃油表传感器总成。

5)电动燃油泵的安装

(1)检查电动燃油泵仪表挡圈的配合。在燃油吸油管总成断开时,将电动燃油泵仪表挡圈手动安装至燃油箱。如果能用手转动电动燃油泵仪表挡圈180°或更多,重复使用挡圈;如果不能用手转动电动燃油泵仪表挡圈180°或更多,使用提供的新电动燃油泵仪表挡圈零件。

注意:检查并确认燃油箱上的螺纹没有损坏、凹痕、异物或其他缺陷。

(2)安装燃油吸油管总成

①将新衬垫安装到燃油箱上(图2-86)。

②如图2-97所示,将燃油吸油管固定到燃油箱上。

注意:确保燃油表传感器臂没有弯曲。将燃油吸油管凸出部分对准燃油箱槽口。

③如图2-98所示,用手固定燃油吸油管总成以防止其倾斜时,将电动燃油泵仪表挡圈和燃油箱上的开始标记对准,并用手拧紧电动燃油泵仪表挡圈180°。

注意:检查并确认燃油箱上的螺纹没有损坏、凹痕、异物或其他缺陷;提供的电动燃油泵仪表挡圈的直径大于工厂安装的挡圈,预期燃油箱将不断膨胀扩大,如果工厂安装的挡圈直径太小以至于不能重新安装,则用提供的电动燃油泵仪表挡圈。

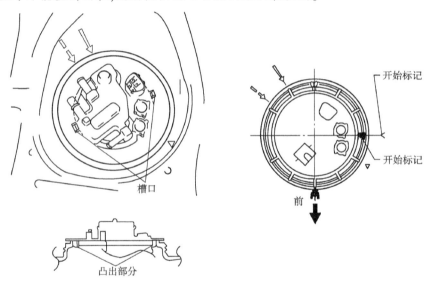

图2-97 电动燃油泵的安装(一)　　图2-98 电动燃油泵的安装(二)

④用6mm六角套筒扳手,将SST 09808-14020(09808-01410、09808-01420、09808-01430)安装到电动燃油泵仪表挡圈上(图2-84)。

注意:不要使用其他任何工具,例如螺丝刀;将SST槽口插入电动燃油泵仪表挡圈肋片;安装SST时,用手固定燃油吸油管总成以防止衬垫从燃油吸油管脱落。

⑤从燃油箱上的开始标记紧固电动燃油泵仪表挡圈约450°,使挡圈上的开始标记落在如图2-99所示的范围内。

(3)连接燃油箱2号蒸发管。如图2-100所示,将燃油箱2号蒸发管连接至燃油吸油管总成。

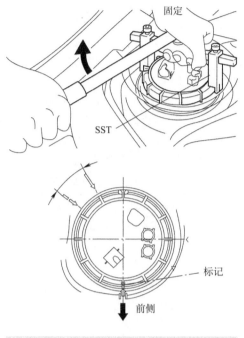

图2-99 电动燃油泵的安装(三)

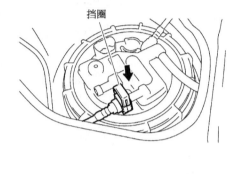

图2-100 电动燃油泵的安装(四)

(4)连接1号炭罐出口软管。将1号炭罐出口软管连接至燃油吸油管总成(图2-82)。

注意:在燃油箱2号蒸发管和1号炭罐出口软管连接后,检查并确认燃油箱2号蒸发管置于1号炭罐出口软管下。

(5)连接1号燃油蒸发管分总成。用卡子将1号燃油蒸发管分总成连接至燃油吸油管总成(图2-81)。

(6)连接燃油箱主管分总成。

①如图2-101所示,将燃油管接头推入燃油吸油盘的螺塞里,然后安装油管接头卡子。

注意:在工作前,检查并确认燃油管接头的连接部分和螺塞周围没有划痕或异物;检查并确认燃油管接头牢固插入到底部;检查并确认油管接头卡子位于燃油管接头的轴环上;安装油管接头卡子后,检查并确认燃油箱主管不能被推出。

②如图2-102所示,连接电动燃油泵插接器。

(7)将电缆连接到蓄电池负极端子,拧紧力矩为5.4N·m。

(8)检查燃油是否泄漏。

(9)安装后地板检修孔盖。如图2-103所示,用新丁基胶带安装后地板检修孔盖。

(10)安装后排座椅坐垫总成。

2.3.2.4 喷油器的检修

本部分以卡罗拉(1.6L)乘用车燃油供给系统喷油器的检修为例进行说明。喷油器相关部件分解图如图 2-104 所示。

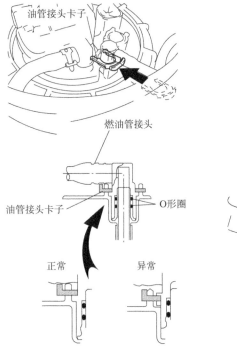

图 2-101 电动燃油泵的安装(五)

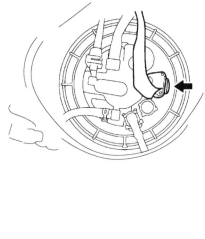

图 2-102 电动燃油泵的安装(六)

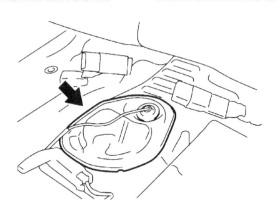

图 2-103 电动燃油泵的安装(七)

1)喷油器的拆卸

(1)燃油系统卸压。

(2)从蓄电池负极端子断开电缆。

(3)拆卸 2 号汽缸盖罩。

(4)如图 2-105 所示,分离 2 号通风软管。

(5)拆卸发动机线束。

项目二 电控燃油喷射系统构造与检修

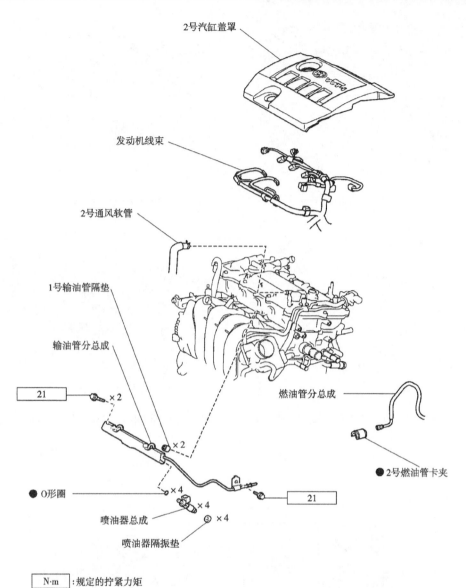

图 2-104 喷油器相关部件分解图

①如图 2-106 所示,拆下 2 个螺栓并断开搭铁线,断开 4 个喷油器总成插接器,断开 2 个线束卡夹。

②如图 2-107 所示,断开 4 个线束卡夹。

③如图 2-108 所示,拆下 2 个螺栓和 2 个线束支架。

(6)断开燃油管分总成。

①如图 2-109 所示,拆下 2 号燃油管卡夹。

②如图 2-110 所示,使用 SST 09268-21010 断开燃油管分总成。

77

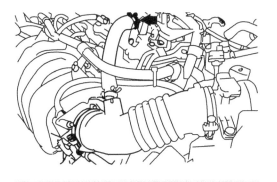

图2-105 喷油器的拆卸(一)

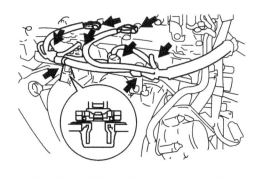

图2-106 喷油器的拆卸(二)

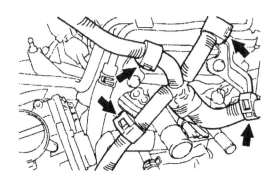

图2-107 喷油器的拆卸(三)

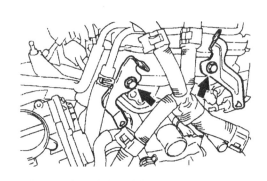

图2-108 喷油器的拆卸(四)

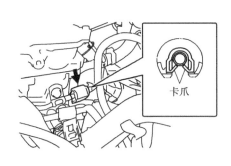

图2-109 喷油器的拆卸(五)

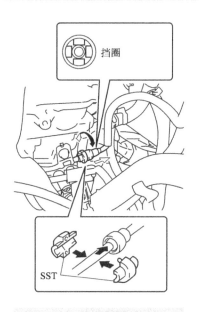

图2-110 喷油器的拆卸(六)

(7)拆卸输油管分总成。

①如图2-111所示,拆下螺栓并拆下线束支架。

②如图 2-112 所示,拆下 2 个螺栓。

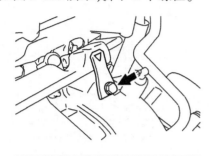
图 2-111　喷油器的拆卸(七)

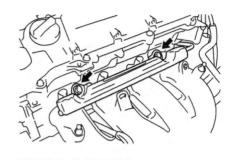
图 2-112　喷油器的拆卸(八)

③如图 2-113 所示,拆下螺栓和输油管分总成。
④如图 2-114 所示,拆下 2 个 1 号输油管隔垫。

图 2-113　喷油器的拆卸(九)

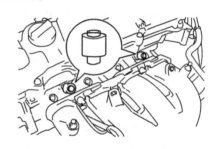
图 2-114　喷油器的拆卸(十)

(8)拆卸喷油器总成。
①如图 2-115 所示,从燃油输油管分总成中拉出 4 个喷油器总成。
②如图 2-116 所示,重新安装时,在喷油器轴上贴上标签。

注意:用塑料袋将喷油器包起来,以防异物进入。

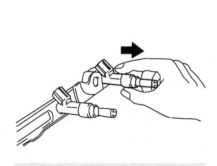
图 2-115　喷油器的拆卸(十一)

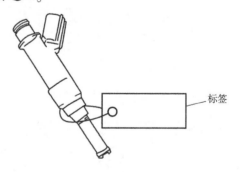
图 2-116　喷油器的拆卸(十二)

③如图 2-117 所示,拆下 4 个喷油器隔振垫。
2)喷油器的检查
(1)检查电阻。如图 2-118 所示,用欧姆表测量喷油器端子 1 与端子 2 之间的电阻。标准电阻为 11.6~12.4Ω(20℃时)。如果测量结果不符合规定,则更换喷油器总成。

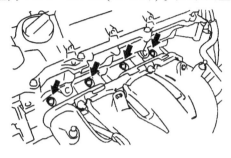
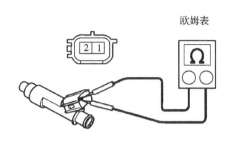

图 2-117 喷油器的拆卸(十三)　　　图 2-118 喷油器总成的检查(一)

(2)检查工作情况。

注意:在良好通风区域执行检查。不要在任何靠近明火的地方执行检查。

①如图 2-119 所示,将 SST(燃油管插接器)连接到 SST(软管),然后将它们连接到燃油管(车辆侧)。

②如图 2-120 所示,将 O 形圈安装到喷油器总成上。

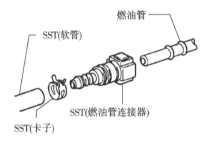
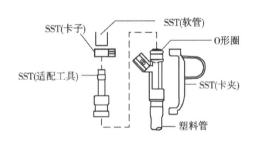

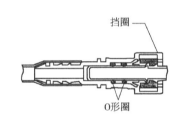

图 2-119 喷油器总成的检查(二)　　　图 2-120 喷油器总成的检查(三)

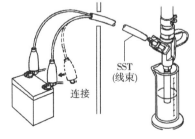

③将 SST(适配工具和软管)连接到喷油器总成,并用 SST(卡夹)固定喷油器总成和接头。

④将喷油器总成放在量筒中。

注意:将合适的塑料管安装至喷油器总成以防燃油喷出。

⑤操作电动燃油泵。

图 2-121 喷油器总成的检查(四)　　⑥如图 2-121 所示,将 SST(线束)连接到喷油器总成和

蓄电池15s,用量筒测量喷油量。对各喷油器测试2或3次。标准喷油量见表2-2。各喷油器间的差别为13mL或更少。

注意:务必在蓄电池侧进行操作。如果喷油量不符合规定,则更换喷油器总成。

喷 油 量　　　　　　　　　　　　　　　　　表2-2

检测仪连接	条　件	规定喷油量
正极端子-搭铁端子	15s(2或3次)	60~73mL/每次测试

(3)检查是否泄漏。如图2-122所示,在上述条件下,从蓄电池上断开SST(线束)的检测探针,检查喷油器是否有燃油泄漏。最大燃油泄漏允许值:每12min允许1滴或更少。

3)喷油器的安装

(1)安装喷油器总成。

①将新喷油器隔振垫安装到喷油器总成上。

②如图2-123所示,在喷油器总成O形圈接触面上涂抹一薄层燃油或锭子油。

图2-122　喷油器总成的检查(五)　　图2-123　喷油器的安装(一)

③如图2-124所示,向左和向右转动喷油器总成,以将其安装到输油管分总成上。

注意:不要扭曲O形圈。安装喷油器后,检查并确认它们可以平稳转动。如果不能平稳转动,换上新的O形圈。

(2)安装1号输油管隔垫(图2-114)。将2个1号输油管隔垫安装到汽缸盖上。

注意:以正确方向安装1号输油管隔垫。

(3)安装输油管分总成。

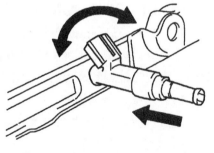

图2-124　喷油器的安装(二)

①安装输油管分总成和4个喷油器总成,然后暂时安装2个螺栓(图2-112)。

注意:安装输油管分总成时不要掉落喷油器。安装输油管分总成后,检查并确认喷油器总成转动平稳。

②将2个螺栓紧固至规定拧紧力矩(图2-112),拧紧力矩为21N·m。

③安装螺栓以固定输油管分总成(图2-113),拧紧力矩为21N·m。

④用螺栓安装线束支架(图2-111)。

(4)连接燃油管分总成。

①如图2-125所示,将燃油管分总成插接器插入输油管,直到听到"咔嗒"声。

注意:在工作前,检查并确认燃油管插接器和燃油管的断开部分周围没有划痕或异物。连接燃油管后拉动燃油管插接器与燃油管,检查并确认其已牢固连接。

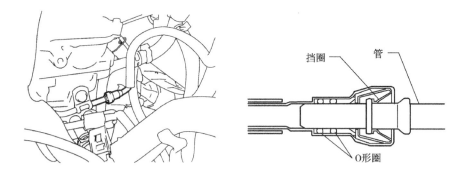

图2-125 喷油器的安装(三)

②安装新的2号燃油管卡夹(图2-109)。

(5)连接发动机线束。

①用2个螺栓安装2个线束支架(图2-108)。

②连接4个线束卡夹(图2-107)。

③连接4个喷油器总成插接器(图2-106),连接2个线束卡夹,用2个螺栓连接搭铁线。

(6)连接2号通风软管(图2-105)。

(7)将电缆连接到蓄电池负极端子,拧紧力矩为5.4N·m。

(8)检查燃油是否泄漏。

(9)安装2号汽缸盖罩。

2.3.2.5 高压喷油器的检修

本部分以迈腾B8L乘用车2.0 l TSI发动机燃油供给系统高压喷油器的检修为例进行说明。高压喷油器和高压燃油分配管分解图,如图2-126所示。

1)高压喷油器的拆卸

注意:高压喷油器必须在发动机冷却时拆卸。

(1)拆卸进气歧管。

(2)拆卸高压燃油分配管。

①如图2-127所示,剪断扎带(安装时用新扎带)。

②脱开高压燃油压力传感器G247上的电气连接插头,拧出螺栓,如图2-128中箭头所示。脱开高压燃油分配管上导线槽,从高压喷油器上拔下高压燃油分配管。

注意:如果高压喷油器仍插在高压燃油分配管内,脱开相关的电气连接插头,小心地将高压喷油器从高压燃油分配管中拔出;如果高压喷油器仍插在汽缸盖内,拆卸高压喷油器。

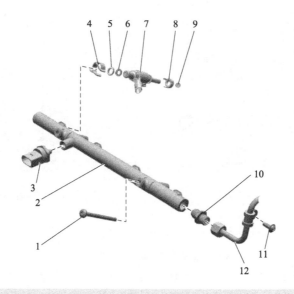

图 2-126 高压喷油器和高压燃油分配管分解图

1-螺栓(9N·m);2-高压燃油分配管;3-高压燃油压力传感器 G247(用干净的发动机机油浸润锥形体和螺纹,27N·m);4-支撑环(拆卸后更换);5-O 形圈(拆卸后更换);6-隔离环(拆卸后更换);7-高压喷油器(注意正确的安装位置);8-密封垫圈;9-燃烧室密封环(拆卸高压喷油器后更换);10-管接头(用于高压燃油分配管上的高压管,拆卸后更换,用干净的发动机机油浸润螺纹,拧紧在高压燃油分配管上时固定住,40N·m);11-螺栓(5N·m);12-高压管路(用干净的发动机机油浸润球体,27N·m)

图 2-127 高压喷油器的拆卸(一)

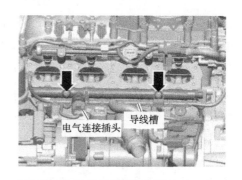

图 2-128 高压喷油器的拆卸(二)

(3)用干净的抹布盖住敞开的进气通道。

(4)凸耳和汽缸盖内的孔(图 2-129 中箭头所示)必须相互对着。

2)高压喷油器的安装。

高压喷油器必须能轻轻装入,必要时需要等待,直至燃烧室密封环足够紧地压在一起。如果无法用手装入高压喷油器时,应将冲击套筒 T10133/18 推到高压喷油器上方,如图 2-130 所示。

注意:汽缸盖内高压喷油器的安装位置是否正确。

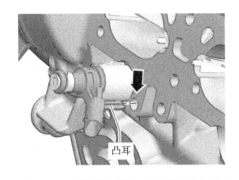

图 2-129 高压喷油器的拆卸(三)

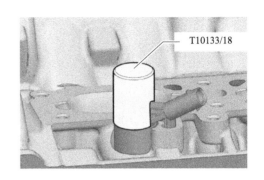

图 2-130 高压喷油器的安装(一)

如图 2-131 所示,压入高压喷油器时,在冲击轴套上敲几下。

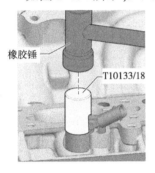

图 2-131 高压喷油器的安装(二)

(1)将支撑环插到高压喷油器上。
(2)在高压喷油器 O 形圈上涂敷发动机机油。
(3)将高压燃油分配管装到高压喷油器上并均匀地压入。
(4)安装高压燃油分配管。

注意:在安装时将所有的电缆扎带重新扎在相同的位置。

(5)安装进气歧管。

3)清洗高压喷油器

(1)清洁。

①关闭机壳右侧的超声波清洁仪 VAS 6418 的排放旋塞,如图 2-132 中箭头所示。

②在超声波装置中加注 2120 mL 静置过的水和清洁液 VAS 6418/2。

(2)清洁液混合比:2100ml 静置过的水和 20mL 清洁液 VAS6418/2。

(3)清洗高压喷油器步骤。

①拆卸高压喷油器。

②如图 2-133 所示,将喷油模块定位板 VAS 6418/1 置于清洁仪上。

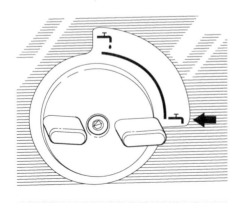

图 2-132 高压喷油器的清洗(一)

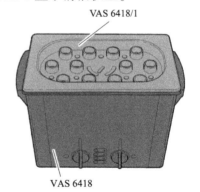

图 2-133 高压喷油器的清洗(二)

项目二　电控燃油喷射系统构造与检修

注意：在使用超声波清洁仪 VAS 6418 前请务必注意用户手册中的安全提示；如果清洁液高于支撑板底部 1~4mm，即达到理想液位，液位过低将会损坏超声波清洁仪 VAS 6418。

③将高压喷油器插入喷射模块固定板 VAS 6418/1 的导向件内，直至限位位置。

④如图 2-134 所示，按压 开/关 按钮 C，打开清洁仪。

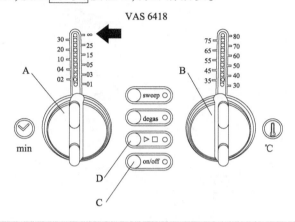

图 2-134　高压喷油器的清洗(三)

⑤旋转开关 A，将清洗时间设置为 30min。

⑥旋转开关 B，将温度设置为 50℃。

⑦按压按钮 ▷ D，启动清洗功能。此时，温控清洗被起动。在升温时，周期性地接通超声波驱使清洗液滚动。在达到预设温度后，超声波将持续接通。清洗时间至少持续 30min，并且只在温度最低为 50℃ 时才开始。

⑧清洁高压喷油器后，更换燃烧室密封环(特氟龙密封环)。

⑨安装高压喷油器。

2.3.3　电子控制系统主要部件的检修

2.3.3.1　冷却液温度传感器的检修

本部分以卡罗拉(1.6L)乘用车冷却液温度传感器的检修为例进行说明。卡罗拉(1.6L)乘用车冷却液温度传感器相关部件分解图如图 2-135 所示。

1) 冷却液温度传感器的拆卸

(1) 排净发动机冷却液。

(2) 拆卸 2 号汽缸盖罩。

(3) 拆卸空气滤清器盖分总成。

(4) 拆卸空气滤清器壳。

(5) 拆卸冷却液温度传感器。如图 2-136 所示，断开冷却液温度传感器插接器，使用 SST 09817-33190 拆下冷却液温度传感器和衬垫。

2) 冷却液温度传感器的检查

如图 2-137 所示，测量冷却液温度传感器端子 1 与端子 2 之间的电阻，应符合表 2-3 中的要求。如果测量结果不符合规定，则更换冷却液传感器。

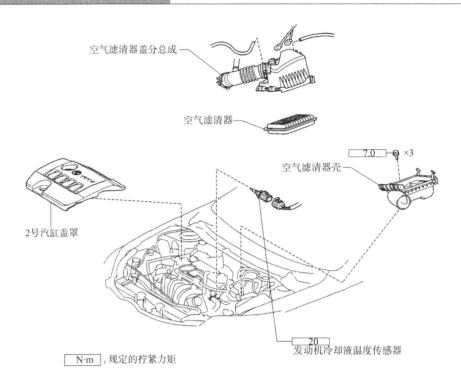

图 2-135 卡罗拉(1.6L)乘用车冷却液温度传感器相关部件分解图

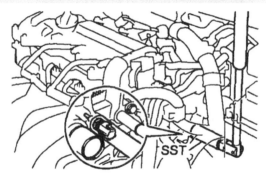

图 2-136 冷却液温度传感器的拆卸

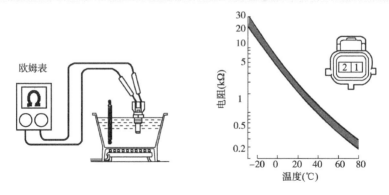

图 2-137 冷却液温度传感器的检查

注意：在水中检查冷却液温度传感器时，不要让水进入端子。检查后，应干燥冷却液温度传感器。

标准电阻　　　　　　　　　　表2-3

检测仪连接	条件(℃)	规定电阻(kΩ)
1-2	20	2.32~2.59
	80	0.310~0.326

3）冷却液温度传感器的安装

（1）使用SST 09817-33190安装冷却液温度传感器（图2-136），拧紧力矩为20N·m。连接冷却液温度传感器插接器。

（2）安装空气滤清器壳。

（3）安装空气滤清器盖分总成。

（4）安装2号汽缸盖罩。

（5）添加发动机冷却液。

（6）检查冷却液是否泄漏。

2.3.3.2　曲轴位置传感器的检修

本部分以卡罗拉(1.6L)乘用车曲轴位置传感器的检修为例进行说明。卡罗拉(1.6L)乘用车曲轴位置传感器相关部件分解图如图2-138所示。

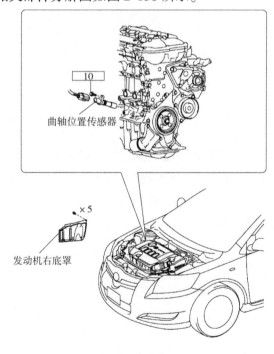

图2-138　卡罗拉(1.6L)乘用车曲轴位置传感器相关部件分解图

1)曲轴位置传感器的拆卸

(1)拆卸发动机右底罩。

(2)拆卸曲轴位置传感器。如图2-139所示,断开曲轴位置传感器插接器,拆下螺栓和曲轴位置传感器。

2)曲轴位置传感器的检查

断开曲轴位置传感器插头,如图2-140所示,根据表2-4所示要求,用万用表测量曲轴位置传感器两端子间的电阻值。如果测量的结果不符合规定,则更换曲轴位置传感器。

注意:"冷态"和"热态"是指线圈自身的温度。"冷态"是从 -10 ~ 50℃,"热态"是从50 ~ 100℃。

图2-139 曲轴位置传感器的拆卸

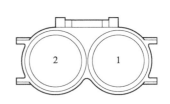

图2-140 曲轴位置传感器的检查

标准电阻　　　　　　　　　　　　　　　　　　　　表2-4

检测仪连接	条　件	规定状态
1-2	冷态	1630 ~ 2740Ω
	热态	2065 ~ 3225Ω

3)曲轴位置传感器的安装

(1)安装曲轴位置传感器。

①在曲轴位置传感器O形圈上涂抹一薄层发动机机油。

②用螺栓安装曲轴位置传感器(图2-139),拧紧力矩为10N·m。

注意:安装时,确保O形圈没有破裂或卡住。

③连接曲轴位置传感器插接器。

(2)安装发动机右底罩。

2.3.3.3 空气流量传感器的检修

本部分以卡罗拉(1.6L)乘用车空气流量传感器(也称为质量空气流量计)的检修为例进行说明。卡罗拉(1.6L)乘用车空气流量传感器的线路连接如图2-141所示。

1)读取故障代码

将解码器连接到诊断插口,将点火开关置于"ON"位置。开启检测仪,选择菜单项Powertrain/Engine and ECT/DTC,读取故障代码,当空气流量传感器或线路有故障时,ECU会存储相关故障代码。故障代码见表2-5。

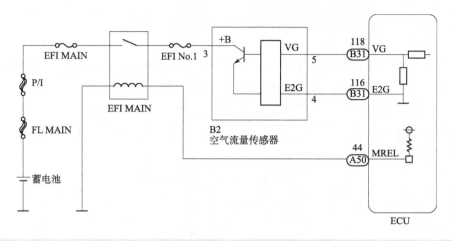

图2-141　卡罗拉(1.6L)乘用车空气流量传感器线路

空气流量传感器故障代码表　　　　　　　　　　　　　　　　　　表2-5

故障代码	故障代码含义	故障部位
P0100	质量或体积空气流量电路	1. 空气流量传感器电路断路或短路； 2. 空气流量传感器； 3. ECU
P0102	质量或体积空气流量电路低输入	1. 空气流量传感器电路断路或短路； 2. 空气流量传感器； 3. ECU
P0103	质量或体积空气流量电路高输入	1. 空气流量传感器电路断路或短路； 2. 空气流量传感器； 3. ECU

2）读取数据流

使发动机暖机，通过解码器选择菜单项 Powertrain/Engine and ECT/Data List，读取数据流，数据流见表2-6。如果空气流量传感器数据流不在正常范围内，说明空气流量传感器或线路有故障。

空气流量传感器标准值表　　　　　　　　　　　　　　　　　　表2-6

检测仪显示	测量项目/范围	正常状态
MAF	空气流量传感器的气流率： 最小为0g/s，最大为655.35g/s	急速为0.54～4.33g/s 转速为2500r/min 时无负载运转：3.33～9.17g/s

如果空气流量传感器流量值约为0.0g/s，则说明空气流量传感器电源电路断路或短路，

如果流量值为271.0g/s或更大,则说明信号线电路断路或短路。

3)空气流量传感器线路检查

(1)供电线路检查。断开空气流量传感器插接器,打开点火开关,用万用表测量空气流量传感器3号端子与车身搭铁之间的电压。标准电压应为蓄电池电压。

(2)连接线路检查。断开空气流量传感器插接器,断开发动机ECU插接器,根据电路图,对线路电阻进行测量(表2-7)。如果测量值不在标准范围内,则说明线路有故障,需要对线路进行维修。

空气流量传感器连接线路检查表　　　　　　　　　表2-7

测量端子	标准值	测量条件
B2-5(VG)与B31-118(VG)	小于1Ω	始终
B2-4(E2G)与B31-116(VG)	小于1Ω	始终
B2-5(VG)与车身搭铁	10kΩ或更大	始终
B31-118(VG)与车身搭铁	10kΩ或更大	始终

4)输出信号电压检查

断开空气流量传感器插接器,向端子+B和E2G之间施加蓄电池电压,万用表正极(+)探针连接至端子5(VG)、负极(-)探针连接至端子4(E2G)之间的电压,标准电压为0.2~4.9V。

5)信号波形测量

在发动机运转时用示波器测量空气流量传感器波形,标准波形如图2-142所示。空气流量传感器信号为频率信号,随着进气量的改变,其波形的频率也发生变化,但电压幅值保持5V不变。

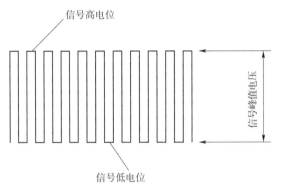

图2-142　空气流量传感器的标准波形

2.3.3.4　进气管绝对压力传感器的检修

本部分以迈腾(2.0L)乘用车进气管绝对压力传感器的检修为例进行说明。迈腾(2.0L)乘用车进气管绝对压力传感器的线路连接如图2-143所示。G71为进气管绝对压力传感器,G42为进气温度传感器,两个传感器共用搭铁线。

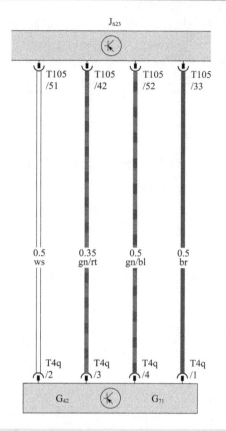

图2-143 迈腾(2.0L)乘用车进气管绝对压力传感器线路

1)读取故障代码

将解码器 VAS6150 连接到车辆诊断插口,开启解码器,按提示选择车辆,点击"诊断"识别车辆,快测以后点击"读取故障存储器"菜单,当进气管绝对压力传感器或线路有故障时,ECU 会存储相关故障代码。故障代码见表2-8。

进气管绝对压力传感器故障代码表　　　　　　　表2-8

故障代码	故障代码含义	故障部位
P1155	进气管绝对压力传感器对正极短路	1.进气管绝对压力传感器; 2.进气管绝对压力传感器线路
P1156	进气管绝对压力传感器断路/对搭铁短路	1.进气管绝对压力传感器; 2.进气管绝对压力传感器线路
P1158	进气管绝对压力传感器信号错误	1.进气管绝对压力传感器; 2.发动机 ECU

2)读取数据流

使发动机暖机,通过解码器选择读取测量值菜单项读取数据流,数据流见表2-9。如果传感器数据流不在正常范围内,说明进气管绝对压力传感器或线路有故障。

进气管绝对压力传感器数据流　　　　　　　　　表2-9

测试条件	标 准 值	测试条件	标 准 值
急速	55～73kPa	急减速	最小6kPa
急加速	最大87kPa		

3)进气压力信号测量

拆下进气管绝对压力传感器,连接好进气管绝对压力传感器线束,按图2-144所示对进气管绝对压力传感器施加真空压力,根据进气管绝对压力传感器信号曲线(图2-145),测量进气管绝对压力传感器信号电压是否符合标准,电压范围为0.5～4.5V,对应于15～120kPa的进气压力。如果电压不符合标准,更换进气管绝对压力传感器。

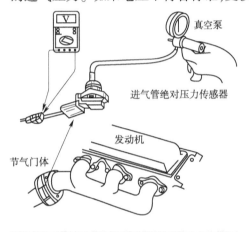

图2-144　进气压力信号测量

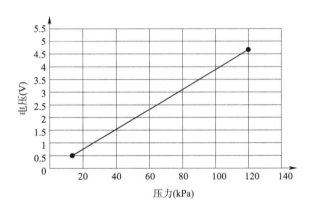

图2-145　进气管绝对压力传感器信号曲线

4)线路测量

(1)供电线路检查。断开进气管绝对压力传感器插接器,打开点火开关,用万用表测量进气管绝对压力传感器1号端子与车身搭铁之间的电压,标准电压为5V。

(2)连接线路检查。断开进气管绝对压力传感器插接器,断开发动机ECU插接器,根据电路图,对线路电阻进行测量(表2-10)。如果测量值不在标准范围内,则说明线路有故障,需要对线路进行维修。

进气管绝对压力传感器线路检查表　　　　　　　表2-10

检测项目	标 准 值	检测条件
传感器端子1、4与车身搭铁	10kΩ或更大	始终
传感器端子1与ECU端子33	小于1Ω	始终
传感器端子4与ECU端子52	小于1Ω	始终
传感器端子3与ECU端子42	小于1Ω	始终

2.3.3.5　进气温度传感器的检修

本部分以卡罗拉(1.6L)乘用车进气温度传感器的检修为例进行说明。卡罗拉(1.6L)

乘用车进气温度传感器的线路连接如图 2-146 所示。

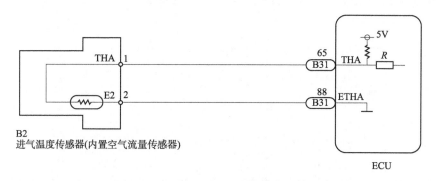

图 2-146　卡罗拉(1.6L)乘用车进气温度传感器线路

1) 读取故障代码

将解码器连接到诊断插口,将点火开关置于"ON"位置。开启检测仪,选择菜单项 Powertrain/Engine and ECT/DTC,读取故障代码,当进气温度传感器或线路有故障时,发动机 ECU 会存储相关故障代码。故障代码见表 2-11。

进气温度传感器故障代码表　　　　　　　　　　　　　　　表 2-11

故障代码	故障代码含义	故障部位
P0110	进气温度电路故障	1. 进气温度传感器电路断路或短路; 2. 进气温度传感器; 3. ECU
P0112	进气温度电路低输入	1. 进气温度传感器电路短路; 2. 进气温度传感器; 3. ECU
P0113	进气温度电路高输入	1. 进气温度传感器电路断路; 2. 进气温度传感器; 3. ECU

2) 读取数据流

使发动机暖机,通过解码器选择菜单项 Powertrain/Engine and ECT/Data List,读取数据流,数据流应与当前空气温度相同,温度范围为 -40 ~ 140℃。如果进气温度传感器数据流不在正常范围内,说明进气温度传感器或线路有故障。

3) 电阻值及信号测量

断开进气温度传感器线束,根据进气温度传感器特性曲线测量温度与电阻的对应关系(图 2-147),用万用表测量进气温度传感器电阻值。进气温度传感器的电阻随着温度在

0.23~300kΩ 的范围内变化。连接进气温度传感器线束,将点火开关置于"ON"位置,测量进气温度传感器信号电压是否符合标准。电压范围为 0.5~4.5V。

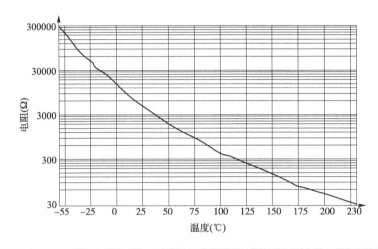

图 2-147　进气温度传感器特性曲线

4)线路测量

(1)供电线路检查。断开进气温度传感器插接器,打开点火开关,用万用表测量进气温度传感器 3 号端子与车身搭铁之间的电压,标准电压为 5V。

(2)连接线路检查。断开进气温度传感器插接器,断开发动机 ECU 插接器,根据电路图,对线路电阻进行测量(表 2-12),如果测量值不在标准范围内,则说明线路有故障,需要对线路进行维修。

进气温度传感器线路检查表　　　　　　　　表 2-12

检测项目	标准值	检测条件
B2-1(THA)或 B31-65(THA)与车身搭铁	10kΩ 或更大	始终
B2-2(E2)与 B31-88(ETHA)	小于 1Ω	始终
B2-1(THA)与 B31-65(THA)	小于 1Ω	始终

2.3.3.6　节气门位置传感器的检修

本部分以卡罗拉(1.6L)乘用车节气门位置传感器的检修为例进行说明。卡罗拉(1.6L)乘用车节气门位置传感器的线路连接如图 2-148 所示,该车型采用两个霍尔式节气门位置传感器,两个传感器的信号互相参考,能够有效识别出节气门位置传感器的故障。

1)读取故障代码

将解码器连接到诊断插口,将点火开关置于"ON"位置。开启解码器,选择菜单项 Powertrain/Engine and ECT/DTC,读取故障代码,当节气门位置传感器或线路有故障时,发动机 ECU 会存储相关故障代码。故障代码见表 2-13。

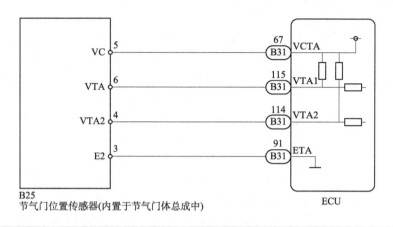

图 2-148 卡罗拉(1.6L)乘用车节气门位置传感器线路

节气门位置传感器故障代码　　　　　　　　　表 2-13

故障代码	故障代码含义	故障部位
P0120	节气门位置传感器开关电路故障	1. 节气门位置传感器； 2. 发动机 ECU
P0121	节气门位置传感器开关电路范围、性能故障	1. 节气门位置传感器； 2. 发动机 ECU
P0122	节气门位置传感器开关电路低输入	1. 节气门位置传感器； 2. 线路故障； 3. 发动机 ECU
P0123	节气门位置传感器开关电路高输入	1. 节气门位置传感器； 2. 线路故障； 3. 发动机 ECU

2) 读取数据流

通过解码器选择菜单项 Powertrain/Engine and ECT/Data List,读取数据流,数据流见表 2-14。如果节气门位置传感器数据流不在正常范围内,说明节气门位置传感器或线路有故障。

节气门位置传感器数据流　　　　　　　　　表 2-14

检查项目	标准值	检测条件
1号加速踏板位置传感器电压	0.5~1.1V:加速踏板松开 2.6~4.5V:加速踏板完全踩下	点火开关置于 ON 位置(不要起动发动机)
2号加速踏板位置传感器电压	1.2~2.0V:加速踏板松开 3.4~5.0V:加速踏板完全踩下	点火开关置于 ON 位置(不要起动发动机)

续上表

检查项目	标准值	检测条件
1号加速踏板绝对位置	10%~22%:加速踏板松开 52%~90%:加速踏板完全踩下	点火开关置于ON位置(不要起动发动机)
2号加速踏板绝对位置	24%~40%:加速踏板松开 68%~100%:加速踏板完全踩下	点火开关置于ON位置(不要起动发动机)
节气门位置传感器是否检测到怠速	ON:怠速运转 OFF:发动机关闭	怠速运转 发动机熄火,点火开关置于ON位置

3) 信号测量

将点火开关置于"ON"位置,用万用表测量节气门位置传感器信号电压是否符合标准,传感器1电压范围为0.5~4.5V,传感器2电压范围为1.2~5.0V。

4) 线路测量

(1) 供电线路检查。断开节气门位置传感器连接线束,打开点火开关,用万用表测量节气门位置传感器5号端子与3号端子之间的电压,标准电压为5V。

(2) 连接线路检查。断开节气门位置传感器与发动机ECU之间的连接线束,根据电路图,对线路电阻进行测量(表2-15),如果测量值不在标准范围内,则说明线路有故障,需要对线路进行维修。

节气门位置传感器线束检查表　　　　表2-15

检测项目	标准值	检测条件
B25-5(VC)或B31-67(VCTA)与车身搭铁	10kΩ或更大	始终
B25-6(VTA)或B31-115(VTA1)与车身搭铁	10kΩ或更大	始终
B25-4(VTA2)或B31-114(VTA2)与车身搭铁	10kΩ或更大	始终
B25-5(VC)与B31-67(VCTA)	小于1Ω	始终
B25-3(E2)与B31-91(ETA)	小于1Ω	始终
B25-4(VTA与B31-114(VTA2)	小于1Ω	始终
B25-6(VTA)与B31-115(VTA1)	小于1Ω	始终

2.3.3.7　高压燃油压力传感器的检修

本部分以迈腾B8L乘用车2.0l TSI发动机高压燃油压力传感器G247的检修为例进行

说明：如果高压燃油压力传感器 G247 失灵，则燃油压力调节阀 N276 关闭，电动燃油泵完全受控并以当前燃油压力运行发动机，发动机转矩将急剧下降。

1）高压燃油压力传感器 G247 的拆卸

（1）拆卸发动机罩盖。

（2）断开蓄电池负极线。

（3）拧出螺栓，如图 2-149 中箭头所示。将冷却液管置于一旁。

（4）拆卸空气滤清器壳体。

①拧出螺栓，沿图 2-150 中箭头所示方向松开卡止装置，取下盖板。

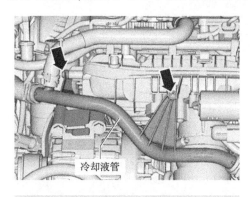

图 2-149　高压燃油压力传感器 G247 的拆卸（一）

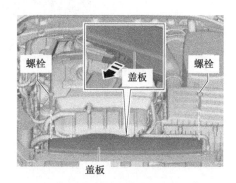

图 2-150　高压燃油压力传感器 G247 的拆卸（二）

②脱开冷却液软管，沿图 2-151 中箭头所示方向松开卡止装置，取下空气导管上部件。

③如图 2-152 所示，拔下真空软管，松开软管卡箍，拆下空气导流软管。将空气滤清器壳体向上从橡胶支座处拔出并翻出。

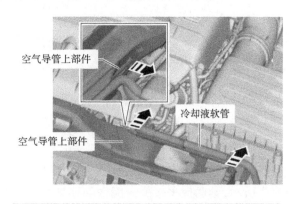

图 2-151　高压燃油压力传感器 G247 的拆卸（三）

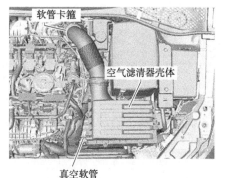

图 2-152　高压燃油压力传感器 G247 的拆卸（四）

（5）拧出左右螺栓，如图 2-153 中箭头所示。松开并取下空气导管下部件。

（6）如图 2-154 所示，拆卸隔音垫。

（7）脱开固定夹，将冷却液管置于一旁。将电气连接插头从增压压力传感器 G31 上拔出,拧出螺栓,如图2-155中箭头所示。松开增压空气软管的软管卡箍,从节气门控制单元GX3上向下拔出增压空气软管。

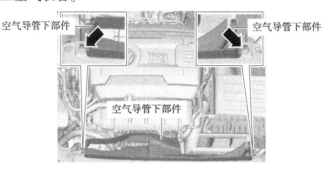

图2-153 高压燃油压力传感器G247的拆卸(五)

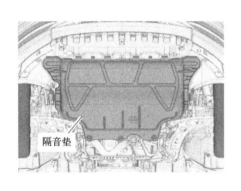

图2-154 高压燃油压力传感器G247的拆卸(六)

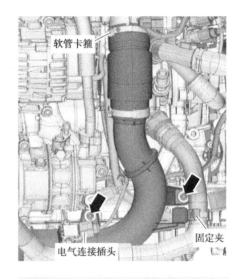

图2-155 高压燃油压力传感器G247的拆卸(七)

(8)如图2-156所示,松开卡箍,脱开增压空气软管并连同整个空气管一起拆下。

(9)如图2-157所示,旋出螺母和螺栓,然后拆卸进气歧管支承。拆卸进气歧管支承的橡胶支座。

(10)如图2-158所示,用安装工具T10118将高压燃油压力传感器G247的插头松开。

(11)拔下发电机的插头,如图2-159中箭头所示,套筒扳手接头可能会勾住插头。用开口宽度为27的套筒扳手接头T40218松开并拧出高压燃油压力传感器G247。

2)高压燃油压力传感器G247的安装

(1)用干净的发动机机油浸润高压燃油压力传感器G247的密封锥体和螺纹。

(2)按与拆卸相反的顺序,安装高压燃油压力传感器G247。

注意:高压燃油压力传感器G247的拧紧力矩为27N·m。

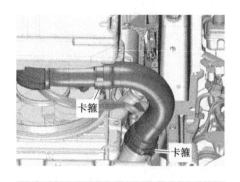

图 2-156　高压燃油压力传感器 G247 的拆卸（八）

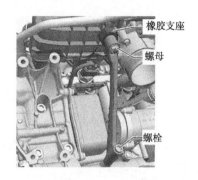

图 2-157　高压燃油压力传感器 G247 的拆卸（九）

图 2-158　高压燃油压力传感器 G247 的拆卸（十）

图 2-159　高压燃油压力传感器 G247 的拆卸（十一）

3）高压燃油压力传感器 G247 的检查

(1)拆下发动机罩盖。燃油供给系统处于高压状态,打开燃油供给系统前,务必按以下方法释放高压部分的燃油压力。

①打开点火开关,然后选择车辆诊断测试器上的以下菜单选项:01—发动机电子系统、引导功能、01—释放燃油系统中的高压,燃油压力将下降至规定值。

②关闭点火开关。燃油分配管中仍装有燃料,但燃油压力已不高了。

(2)拆下高压燃油压力传感器 G247。

(3)插上发电机连接插头(图 2-159 中箭头)。

(4)如图 2-160 所示,拧入代替高压燃油压力传感器 G247 的转接器 VAS 6394/2,然后按高压燃油压力传感器 G247 所规定的拧紧力矩(27N·m)将其拧紧。

(5)如图 2-161 所示,拧出数字压力计 VAS 6394/1 的螺塞,将之前拆下的高压燃油压力传感器 G247 拧入,然后以规定的拧紧力矩(27N·m)将其拧紧。

(6)如图 2-162 所示,用测试仪器转接器/DSO(3 针)VAS 5570 将高压燃油压力传感器 G247 和连接插头之间连接起来。

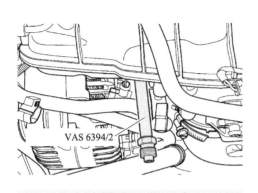

图2-160 高压燃油压力传感器G247的检查(一)

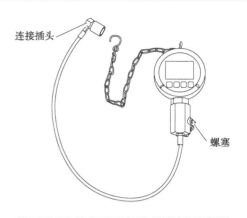

图2-161 高压燃油压力传感器G247的检查(二)

注意：对于以下步骤，必须起动发动机。因此，必须安装进气软管和空气滤清器壳体。

(7) 连接车辆诊断测试仪。

(8) 打开点火开关。

(9) 在自诊断程序中选择"发动机电子系统"。

(10) 选择"测定值"。

(11) 从列表中选择"燃油压力"。显示区将显示由高压燃油压力传感器G247向发动机ECU发送的燃油压力实际值。

(12) 如图2-163所示，短按A按钮一次，即可打开数字压力计VAS 6394/1。数字压力计VAS 6394/1应显示0MPa；若显示值不是0MPa，则短按按钮C，将压力归零。

注意：当按下按钮A达2s时，照明将开启20s。

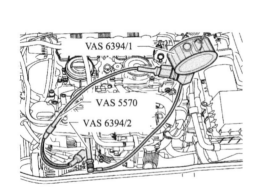

图2-162 高压燃油压力传感器G247的检查(三)

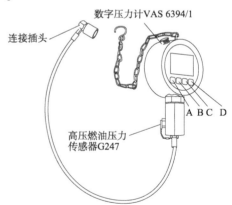

图2-163 高压燃油压力传感器G247的检查(四)

(13) 将数字压力计VAS 6394/1连接到转接器VAS 6394/2上(图2-162)。

(14) 起动发动机。

(15) 将数字压力计VAS 6394/1上显示的压力与车辆诊断测试仪上显示的实际值进行

比较,允许 0.5MPa 的最大压力偏差。

(16) 如果偏差大于 0.5MPa,则测试一个新的高压燃油压力传感器 G247。

(17) 将新的高压燃油压力传感器 G247 拧入数字压力计 VAS 6394/1。

(18) 用新高压燃油压力传感器 G247 重复该测试,然后对比两个测量值。

(19) 如果测量值仍不一致,检查高压燃油压力传感器 G247 和发动机 ECU 之间的电线布线;若此次测定值一致,则安装新的高压燃油压力传感器 G247。

注意:高压燃油压力传感器 G247 的拧紧力矩为 27N·m。

小 组 工 作

(1) 每 8 名学生组成 1 个工作小组,确定小组长,接受工作任务,做好工作准备。

(2) 阅读工作单,查阅维修手册(或实训指导书)观察待拆装发动机电控燃油喷射系统,讨论拆卸方法和步骤,确定小组人员工作分工。向实训指导教师汇报讨论结果,经指导教师同意后,开始下一步的工作。

(3) 按照工作单的引导,完成待拆装发动机电控燃油喷射系统的拆卸、分解和检查工作。

(4) 在完成工作任务的过程中,根据工作单的要求,完成认识发动机电控燃油喷射系统零部件、描述其作用和工作原理等学习任务。

(5) 完成工作单要求的发动机电控燃油喷射系统主要零部件的检测,将检测结果记录在工作单的相应栏目,并对检测结果作出分析。

(6) 回答指导教师的现场提问,接受指导教师的技能考核。

(7) 完成工作任务后,对工作过程进行自我评价和小组互评,听取指导教师的点评。

(8) 清洁工作场所,清点维护工具设备,完成任务交接。回答指导教师的现场提问,接受指导教师的技能考核。

思考题

(1) 简述电控燃油喷射系统的类型。

(2) 简述电控燃油喷射系统的组成和工作原理。

(3) 简述电控燃油喷射控制系统的功能。

(4) 简述空气供给系统的组成及各主要部件的功用。

(5) 简述排气系统的组成及各主要部件的功用。

(6) 简述燃油供给系统的组成及各主要部件的功用。

(7) 简述电子控制系统的组成及各主要部件的功用。

(8) 简述空气供给系统主要部件的检修方法。

(9) 简述燃油供给系统主要部件的检修方法。

(10) 简述电子控制系统主要部件的检修方法。

项目三 电控点火系统构造与检修

学习情境

一位客户抱怨其驾驶的卡罗拉(1.6L)乘用车打开点火开关时,起动机能转动,但发动机起动不了。经维修技师检查,判断为发动机电控点火系统功能失效故障,需对发动机电控点火系统进行检修。

生产任务 汽车发动机电控点火系统失效故障检修

1)工作对象

待检修卡罗拉(1.6L)乘用车1台。

2)工作内容

(1)领取所需的工具,做好工作准备。

(2)检查发动机电控点火系统的工作。

(3)拆卸、检查发动机电控点火系统主要零部件并进行检测,分析检测结果,制订修复方案。

(4)安装发动机电控点火系统零部件,确定发动机电控点火系统工作正常。

(5)检查、评价工作质量。

(6)整理工具,清洁工作场地。

3)工作目标与要求

(1)学生应以小组工作的方式,完成本项工作任务。

(2)学生应能在小组成员的配合下,利用汽车维修手册(或实训指导书)制订并实施工作计划。

(3)能通过阅读资料和现场观察,辨别所检修发动机电控点火系统的结构类型。

(4)能认识所检修发动机电控点火系统的零部件,口述发动机电控点火系统的工作原理和各零部件的作用。

(5)能向客户解释所修发动机电控点火系统故障原因和修复方案。

(6)能按规范的步骤,完成发动机电控点火系统主要零部件的拆卸和安装工作。

(7)在工作过程中,注意工作安全,做好废料的处理,保持工作环境整洁。

 相 关 知 识

3.1 电控点火系统概述

3.1.1 点火系统的作用与类型

1)点火系统的作用

点火系统的作用是将汽车电源提供的低压电转变为高压电,并按照发动机各缸的点火顺序和点火时刻的要求,适时准确地将高压电送至各缸的火花塞,使火花塞跳火,点燃汽缸内的可燃混合气体。

2)点火系统的类型

按点火方式的不同,点火系统可分为传统点火系统、电子点火系统和电控点火系统,目前汽车发动机均已采用电控点火系统。电控点火系统按照是否安装分电器又可分为有分电器式电控点火系统和无分电器式电控点火系统,如图3-1所示。两者的区别是无分电器式电控点火系统取消了分电器和高压线,每个火花塞都由单独的点火线圈控制。

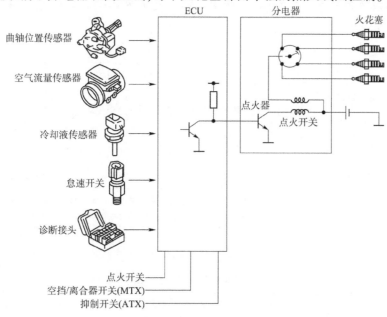

a)有分电器式电控点火系统

图 3-1

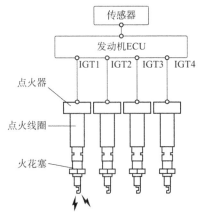

b) 无分电器式电控点火系统

图 3-1 电控点火系统类型

3.1.2 电控点火系统的组成和工作原理

1) 电控点火系统的组成

电控点火系统主要由传感器、电子控制单元(ECU)及执行元件组成。传感器用来检测发动机工作状态,并将信号传给 ECU;ECU 负责对传感器传送的信号进行分析、比较、处理,向执行元件发出控制命令;执行元件(点火控制器等)接收 ECU 发出的控制指令,并按指令对点火线圈初级绕组电流进行控制,以产生足够的点火高压电。电控点火系统各组成部分的功用见表 3-1。

电控点火系统的组成及元件功用表　　　表 3-1

组	成	功　　能
传感器	空气流量传感器(L型)	检测进气量(负荷)信号输入 ECU,是电控点火系统的主控制信号
	进气管绝对压力传感器	
	曲轴位置传感器(Ne)	检测曲轴转角(转速)信号输入 ECU,是电控点火系统的主控制信号
	凸轮轴位置传感器(G1、G2)	检测凸轮轴转角信号输入 ECU,是电控点火系统的主控制信号
	节气门位置传感器	检测节气门开度信号输入 ECU,是点火提前角的修正信号
	冷却液温度传感器	检测冷却液温度信号输入 ECU,是点火提前角的修正信号
	起动开关	向 ECU 输入发动机正在起动中的信号,是点火提前角的修正信号
	空调开关(A/C)	向 ECU 输入空调的工作信号,是点火提前角的修正信号
	进气温度传感器	检测进气温度信号输入 ECU,是点火提前角的修正信号
	空挡起动开关	检测自动变速器 P 挡或 N 挡信号输入 ECU,是电控点火系统的修正信号
	爆震传感器	检测发动机的爆震信号输入 ECU,是点火提前角的修正信号

续上表

组成		功能
执行器	点火控制器	根据ECU输出的控制指令,控制点火线圈初级电路的通断,以产生次级高压,并向ECU反馈点火确认信号
	点火线圈	利用变压器的原理可将汽车电源提供的12V低压电转变成能击穿火花塞电极间隙的15~20kV的高压直流电
电子控制单元(ECU)		根据各传感器输入的信号,计算出最佳的控制参数,并向执行元件发出控制指令
火花塞		火花塞的作用是将高压电引入汽缸燃烧室,产生电火花,点燃可燃混合气

2)电控点火系统的工作原理

发动机工作时,ECU根据接收到的各传感器信号,按存储器中存储的有关程序和相关数据,确定出该工况下最佳点火控制参数(点火时间和通电时间),并向点火器发出指令。点火器则根据ECU的指令,控制点火线圈初级电路的导通和截止。当电路导通时,有电流从点火线圈中的初级电路通过,点火线圈将点火能量以磁场的形式储存起来。当初级电路中的电流被切断时,在次级绕组中将产生很高的感应电动势(15~20kV)。对于无分电器的电控点火系统,点火线圈产生的高压电直接作用在火花塞上,点火能量经火花塞瞬间释放,使火花塞跳火,点燃汽缸内的可燃混合气。

根据以上分析,电控点火系统的工作过程可分成3个阶段:即初级电路导通,点火能量储存;初级电路截止,次级电路产生高压电;火花塞电极产生电火花,点燃混合气。

3)电控点火系统控制电路

各车型点火系统控制电路基本相同,卡罗拉(1.6L)乘用车无分电器独立电控点火系统控制电路如图3-2所示。点火开关接通后,由蓄电池向点火线圈总成(点火线圈和点火控制器)+B端子供电,点火线圈总成GND端子搭铁,点火线圈总成IGT端子接收来自发动机ECU的信号,控制点火线圈初级绕组的通断,点火线圈总成的IGF端子向发动机ECU反馈点火确认信号。

3.1.3 电控点火系统的控制功能

发动机电控点火系统的控制功能主要包括点火时间控制、通电时间控制及爆震控制3个方面。

1)点火时间控制

(1)点火时间对发动机性能的影响。点火时间主要用点火提前角来表示,点火提前角是从火花塞发出电火花到该缸活塞运行至压缩行程上止点时曲轴转过的角度。对应于发动机每一工况都存在一个"最佳"点火提前角,对于现代汽车而言,最佳的点火提前角不仅保证发动机的动力性和燃油经济性都达到最佳值,还必须保证排放污染最小。

点火提前角过大(点火过早),大部分混合气在压缩行程中燃烧,活塞所消耗的压缩功增加,且缸内最高压力升高,末端混合气自燃所需的时间缩短,爆震倾向增大。点火提前角过小(点火过迟),则燃烧延长到膨胀行程,燃烧最高压力和温度下降,传热损失增多,排气温度升高,功率、热效率降低,但爆震倾向减小,NO_x 排放量降低。试验证明,最佳的点火提前角应使发动机汽缸内的最高压力出现在上止点后 10°~15°。

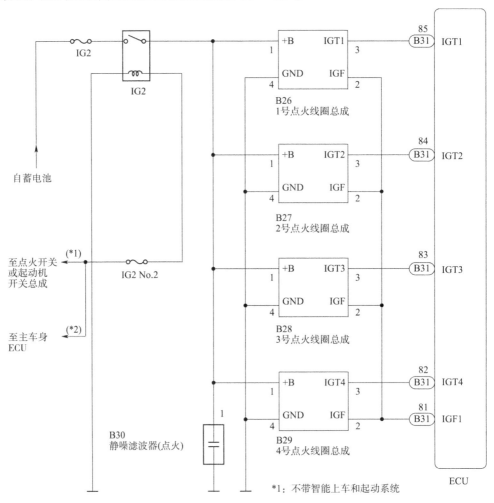

图3-2 电控点火系统控制电路图

(2)最佳点火提前角确定的依据。最佳点火提前角的数值需要根据发动机转速、负荷、燃料性质和混合气浓度等很多因素而定。

①发动机转速。发动机转速提高,以秒计的燃烧行程所需时间缩短,但燃烧行程所占曲轴转角增大,为保证发动机汽缸内的最高压力出现在上止点后 10°~15° 的最佳位置,就必须适当提前点火。

②负荷。发动机的负荷调节是通过节气门进行的量调节,随着负荷减小,进气管真空度增大,进气量减少,汽缸内的温度和压力均降低,燃烧速度变慢,燃烧行程所占的曲轴转角增

大,应适当增大点火提前角。

③燃料的性质。汽油的辛烷值越高,抗爆性越好,点火提前角可适当增大,以提高发动机的性能;辛烷值较低的汽油,抗爆性差,点火提前角则应减小。

(3)点火时间的确定方法。点火时间控制可分为两个阶段控制,第一阶段是起动时点火时间控制,第二阶段是起动后点火时间控制。

①起动时点火时间控制。起动时发动机转速通常都低于500r/min,由于进气量或进气管压力信号不稳定,ECU无法正确计算点火时间。通常由ECU内的备用IC直接设定固定点火时间,一般为上止点前10°左右(因发动机型号而异)。

②起动后点火时间控制。起动后的点火时间=固定时间+基本点火时间+修正点火时间。急速工况时基本点火时间由ECU根据节气门位置传感器信号(IDL信号)、发动机转速传感器信号(Ne信号)和空调开关信号(A/C信号)来确定,如图3-3a)所示。其他工况下基本点火时间由ECU根据发动机的转速和负荷对照存储器中存储的基本点火时间控制模型来确定,如图3-3b)所示。

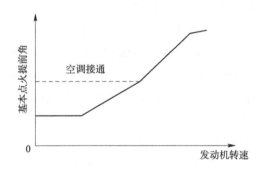 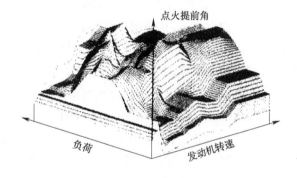

a)急速时基本点火时间确定　　　　b)其他工况点火时间的确定模型

图3-3　点火时间的确定

(4)点火时间的修正。ECU可根据各传感器的输入信号对点火时间进行修正,修正内容如下:

①低温修正。根据冷却液温度传感器等信号,在低温时,ECU使点火提前,以保持低温运转性能。

②暖车修正。根据冷却液温度传感器等信号,当发动机冷却液温度低时,ECU使点火提前,以改善驾驶性能。有些发动机在暖车修正时,会根据空气流量传感器信号,适当提前点火。

③急速稳定修正。急速运转时,转速因空调等发动机负荷的改变而变化时,ECU会改变点火时间,使急速转速稳定。ECU不断地计算发动机转速平均值,若转速低于目标转速时,ECU使点火提前;若转速高于目标转速时,ECU使点火延迟。

④高温修正。根据冷却液温度传感器信号,当冷却液温度过高时,为避免发动机过热与爆震,ECU会使点火延迟。

⑤空燃比反馈修正。发动机的空燃比反馈系统作用时,转速会随燃油喷射量的增加或减少而变化,而怠速对空燃比的改变特别敏感。因此根据氧传感器、节气门位置传感器、车速传感器等信号,配合空燃比反馈修正的喷油量,ECU 将点火提前,以确保怠速稳定。

⑥转矩控制修正。配备电子控制自动变速器的车辆,在换挡时,自动变速器中的离合器或制动器接合时会产生某种程度的振动。因此根据曲轴位置传感器、节气门位置传感器、冷却液温度传感器等信号,在挡位开始变化时,ECU 使点火延迟,减小发动机转矩,以减少向上或向下换挡产生的振动。当冷却液温度或蓄电池电压低于预设值时,转矩控制修正不起作用。

⑦爆震修正。当发动机产生爆震时,ECU 根据信号的程度,分成强、中、弱 3 种,爆震较强时,点火延迟较多;爆震较弱时,点火延迟较少。当爆震停止时,ECU 停止点火延迟,并开始提前点火,每次提前一个固定角度。

2)通电时间控制

通电时间控制也称为闭合角控制。对于电感储能式电控点火系统,当点火线圈的初级绕组被接通后,通过初级绕组的电流是按指数规律增大的。初级绕组被断开瞬间所能达到的断开电流值与初级绕组接通时间长短有关。只有通电时间达到一定值时,初级电流才可能达到饱和。次级绕组高压的最大值与初级电路断开时的电流成正比,而次级电压的高低又直接影响电控点火系统工作的可靠性,所以在发动机工作时,必须保证点火线圈的初级电路有足够的通电时间。但如果通电时间过长,点火线圈又会发热并增大电能消耗。要兼顾上述两方面的要求,就必须对点火线圈初级电路的通电时间进行精确控制。

影响初级绕组通过电流的主要因素有发动机转速和蓄电池电压。为了保证在不同的蓄电池供电电压和不同的转速下都具有相同的初级断开电流,ECU 根据蓄电池电压和发动机转速信号,从预置的通电时间数据表中查出相应的数值,对通电时间进行控制,如图 3-4 所示。

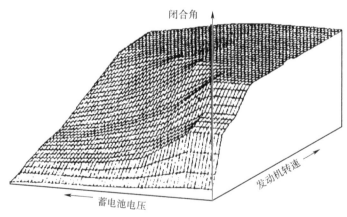

图 3-4 闭合角控制模型

当发动机转速高时,适当增大闭合角,以防止初级绕组通过电流值下降,造成次级高压下降,点火困难;当蓄电池电压下降时,基于相同的理由,也应适当增大闭合角。

通过对通电时间的准确调节,不但改善了电控点火系统的点火性能,而且还可以防止初级绕组发热和电能的无效损耗。

在电控点火系统中,为了减小转速对次级电压的影响,提高点火能量,采用了初级绕组电阻很小的高能点火线圈,其初级电流最高可达 30A 以上。为了防止初级电流过大烧坏点火线圈,在电控点火系统的点火控制电路中增加了恒流控制电路,保证在任何转速下初级电流均为规定值(7A),既改善了点火性能,又能防止初级电流过大而烧坏点火线圈。

3) 爆震控制

爆震是发动机工作时的一种不正常燃烧现象,是发动机运行中最有害的一种故障现象。轻微的爆震,可使发动机功率上升,油耗下降;但爆震严重时,汽缸内发出特别尖锐的金属敲击声,且会导致冷却液过热,火花塞或活塞过热、产生熔损等,造成发动机的严重损坏,因此必须防止爆震的发生。

点火提前角是影响爆震的主要因素之一,减小点火提前角(即推迟点火)是消除爆震的最有效措施。从最佳点火提前角的分析中可知,为了最大限度地发挥发动机的潜能,应把点火提前角控制在接近临界爆震点,同时又不能使发动机发生爆震。要使电控点火系统达到这样的性能要求,就必须对点火提前角采用爆震反馈控制。

电控点火系统对爆震的控制过程如图 3-5 所示,ECU 首先把来自爆震传感器的输入信号进行滤波处理,滤波电路只允许特定范围频率的爆震信号通过滤波电路,由此达到将爆震信号与其他振动信号分离的作用。然后,ECU 将此信号的最大值与爆震强度基准值进行比较,对是否发生爆震及爆震的强弱程度作出判断,如信号最大值大于基准值,则表示发生爆震,ECU 逐渐减小点火提前角,直到爆震消失为止。无爆震时则逐渐增大点火提前角,当再次出现爆震时,ECU 又开始逐渐减小点火提前角。可见,爆震控制过程就是对点火时刻进行反复调整的过程,爆震控制可以使实际的点火提前角始终保持最佳,使发动机的动力性、燃油经济性和控制有害物的排放都达到较佳的水平。

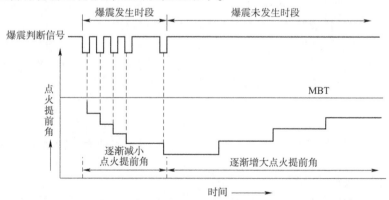

图 3-5 爆震控制过程

3.2 电控点火系统主要部件的结构和工作原理

3.2.1 爆震传感器

电控点火系统与电控燃油喷射系统共用输入信号,输入信号的作用是检测发动机各种运行参数,为 ECU 提供点火控制所需的各种信号,主要包括各种传感器(曲轴位置传感器、凸轮轴位置传感器、爆震传感器、进气管绝对压力传感器、节气门位置传感器、冷却液温度传感器等)和开关(空调开关、空挡起动开关等)。爆震传感器是电控点火系统实现点火时刻闭环控制的重要元件,通常安装在发动机缸体侧面,其功用是将发动机爆震信号转换为电信号传递给 ECU,ECU 根据爆震信号对点火提前角进行修正,从而使点火提前角保持最佳。

检测发动机爆震的方法有 3 种:一是检测发动机燃烧室压力的变化;二是检测发动机缸体振动频率;三是检测混合气燃烧噪声。现代汽车广泛采用检测发动机缸体振动频率来检测。爆震传感器按检测缸体振动频率方式的不同,可分为共振型与非共振型两种;按结构形式的不同,可分为压电式和磁电式两种。

1) 磁电共振型爆震传感器

磁电共振型爆震传感器主要由感应线圈、铁芯、永久磁铁和壳体组成,如图 3-6 所示。铁芯用高镍合金制成,在其一端设置有永久磁铁,另一端安放在弹性部件上。感应线圈绕制在铁芯的周围,其两端引出电极与控制线路连接。

当发动机缸体产生振动时,铁芯就会随之产生振动,感应线圈中的磁通量就会发生变化。由电磁感应原理可知,感应线圈中就会感应产生交变电动势,即传感器就有信号电压输出,输出电压高低取决于发动机的振动强度和振动频率。当发动机缸体振动频率达到与传感器固有频率相同时,传感器产生共振,振动强度最大,线圈中产生的电压最高,传感器输出的信号电压最大,如图 3-7 所示。

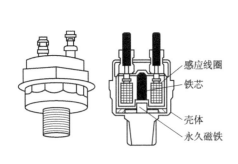

图 3-6 磁电共振型爆震传感器的结构　　图 3-7 磁电共振型爆震传感器信号波形

2) 压电共振型爆震传感器

压电式爆震传感器利用压电效应原理检测发动机爆震,这种传感器具有测量精度高、安装方便且输出电压较高等优点,但通用性较差。

压电共振型爆震传感器主要由压电元件、振子、基座、外壳等组成,如图3-8所示。压电元件紧贴在振子上,振子则固定在基座上。压电元件检测振子的振动压力,并转换成电信号输送给ECU。

3)压电非共振型爆震传感器

压电非共振型爆震传感器是以接收加速度信号的形式来检测爆震的,它主要由套筒、压电元件、惯性配重、塑料壳体和接线插座等组成,如图3-9所示。

压电元件制成垫圈形状,在其两个侧面上制有金属垫圈作为电极,并用导线引到接线插座上。惯性配重与压电元件以及压电元件与传感器套筒之间安放有绝缘垫圈,套筒中心制有螺孔,传感器用螺栓固定在发动机缸体上,调整螺栓的拧紧力矩可方便调整传感器的输出电压。

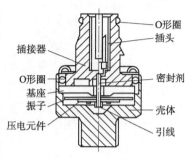

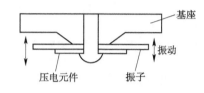

图3-8 压电共振型爆震传感器的结构

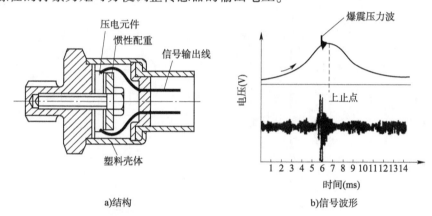

图3-9 压电非共振型爆震传感器的结构及信号波形

压电非共振型爆震传感器检测频率范围设计成零至数千赫兹,可检测具有较宽频带的发动机振动频率。用于不同发动机上时,只需调整滤波器的过滤频率就可使用,而不需更换传感器,这是压电非共振型爆震传感器最突出的优点。

3.2.2 电子控制单元

电子控制单元(ECU)的结构如图3-10所示,是电控点火系统的控制中枢。在发动机工作时,它不断接收各输入信号输入的信息,并进行运算、分析和比较,按内部存储的程序计算出最佳的控制参数,并向执行元件发出控制指令。同时,ECU还具有自诊断功能,当各传感器的输入信号和执行元件的工作情况出现异常时,会记录相应的故障信息,以便诊断时读取。

3.2.3 点火线圈

点火线圈利用变压器的原理可将汽车电源提供的12V低压电转变成能击穿火花塞电极间隙的15~20kV的高压直流电。按其磁路结构形式的不同,点火线圈一般分为开磁路式和闭磁路式两种。

图 3-10 ECU 的结构

1)开磁路点火线圈

开磁路点火线圈的结构如图 3-11 所示,点火线圈中心是用硅钢片叠成的条形铁芯,由于铁芯没有构成闭合回路,所以称为开磁路点火线圈。铁芯外部套有绝缘的纸板套管,套管上绕有次级绕组——直径为 0.06~0.10mm 的漆包线,次级绕组一般约为 20000 匝。初级绕组是直径为 0.5~1.0mm 的高强漆包线,绕在次级绕组的外面,初级绕组一般约为 200 匝,绕组和外壳之间装有导磁钢套。为加强绝缘与防潮,条形铁芯底部装有瓷绝缘支座,外壳内充满沥青或变压器油等绝缘物。点火线圈的顶部是胶木盖,并加以密封。

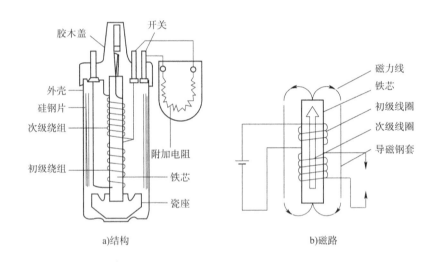

图 3-11 开磁路点火线圈的结构

在早期的点火系统中,开磁路点火线圈应用较多,但由于开磁路点火线圈磁路磁阻大,磁通量泄漏多,因此,能量转换效率低,现已很少应用。

2)闭磁路点火线圈

闭磁路点火线圈也称为高能点火线圈,其结构和磁路如图 3-12 所示。在"口"字形铁芯内绕有次级绕组,在次级绕组外面绕有初级绕组,初级绕组产生的磁通量通过铁芯构成闭合磁路。与开磁路点火线圈相比,闭磁路点火线圈具有漏磁少、能量损失小、转换效率高、体积小、质量轻和易散热等优点,因此在电控点火系统中广泛应用。

3.2.4 点火控制器

如图 3-13 所示,点火控制器也称为点火模块,是电控点火系统的执行元件,其主要功用是根据 ECU 的指令来控制点火线圈初级电路的导通与截止。点火控制器内部为集成电路,全密封结构。

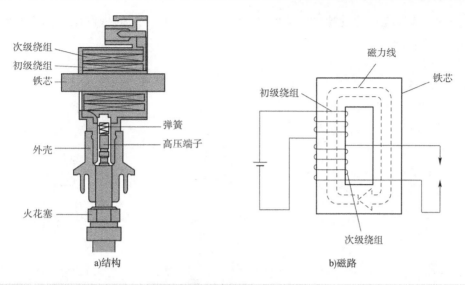

图 3-12 闭磁路点火线圈的结构

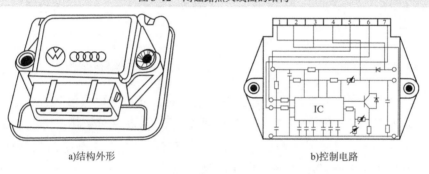

图 3-13 点火控制器

3.2.5 火花塞

1) 火花塞的结构

火花塞的作用是将高压电引入汽缸燃烧室,产生电火花点燃可燃混合气。由于火花塞的工作条件十分恶劣,它要承受高压、高温及燃烧产物的强烈腐蚀,因此,火花塞必须具有足够的强度,能承受温度的强烈变化,应有良好的热特性,火花塞的电极一般采用耐高温、耐腐蚀的镍锰合金钢或铬锰氮、钨、镍锰硅等合金制成,也有采用镍包铜材料制成,以提高散热性能。火花塞的结构如图3-14所示,主要由接线帽、瓷绝缘体、中心电极、侧电极和壳体等组成。中心电极用镍铬合金制成,具有良好的耐高温、耐腐蚀性能,中心电极做成两段,中间加有导电玻璃,由于导电玻璃和瓷绝缘体的膨胀系数相近,因此,导电玻璃主要是起密封作用。火花塞的间隙一般为1.0~1.2mm。

2) 火花塞的热特性

按火花塞热传导性能的不同,火花塞可分为冷型和热型两种,如图3-15所示。绝缘体裙部长的火花塞,其受热面积大,传热距离长,散热困难,裙部温度高,称为热型火花塞;反之,裙部短的火花塞,吸热面积小,传热距离短,散热容易,裙部温度低,称为冷型火花塞。大功率、高转速、高压缩比的发动机应选用"冷型"火花塞；功率小、转速和压缩比低的发动机应采用"热型"火花塞。

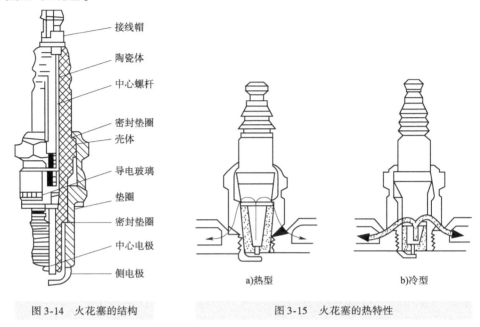

图3-14 火花塞的结构　　　　　图3-15 火花塞的热特性

目前各国对火花塞热特性的表示方法不完全相同，一般常用"热值"表示。所谓热值，是指火花塞散掉所吸热量的程度，它是一个相对概念，国产火花塞分别用1、2、3、4、5、6、7、8、9、10等阿拉伯数字表示。热值数越高，表示散热性能越好。因而，小数字为热型火花塞，大数字为冷型火花塞。热值数字越大，越趋向于冷型火花塞。

（1）描述电控点火系统的工作原理。
（2）试分析电控点火系统失效故障的原因。

3.3　电控点火系统的检修

3.3.1　拆卸和安装带功率输出级的点火线圈

本部分以朗逸1.4 T乘用车带功率输出级的点火线圈的拆装为例进行说明。朗逸1.4 T乘用车电控点火系统主要部件的结构如图3-16所示。

注意：发动机控制单元J623具备自诊断功能；为了保证电器正确运行，蓄电池电压必须至少为11.5V；在某些测试中，发动机控制单元J623可能会探测并储存故障，因此，在完成了所有的检查和检修工作后,必需查询故障代码,必要时清除故障代码。

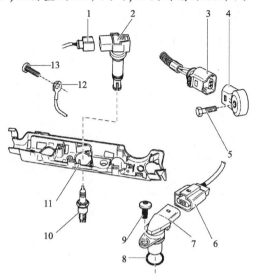

图3-16 朗逸1.4 T乘用车电控点火系统主要部件的结构

1-插头(黑色,4端子,使用钩子T10118拆卸);2-带功率输出级的点火线圈(1缸为N70,2缸为N127,3缸为N291,4缸为N292);3-插头(黑色,2端子,用于爆震传感器G61);4-爆震传感器G61;5-螺栓(拧紧力矩为20N·m);6-插头(黑色,3端子,用于霍尔传感器G40);7-霍尔传感器G40;8-O形圈(如果损坏则更换);9-螺栓(拧紧力矩为9N·m);10-火花塞(拧紧力矩为25N·m,使用火花塞套筒Hazet 4766-1拆卸和安装,火花塞电极间隙为0.8~0.9mm);11-导线导向件(用5N·m的力矩拧到凸轮轴壳体上);12-搭铁导线(只能在关闭点火开关的情况下松开或拧紧);13-螺栓(拧紧力矩为9N·m,只能在关闭点火开关的情况下松开或拧紧)

1)带功率输出级的点火线圈的拆卸

(1)如图3-17所示,旋出所有螺栓,脱开冷却液软管。

(2)取下发动机罩盖。

(3)脱开真空管,如图3-18中箭头所示。

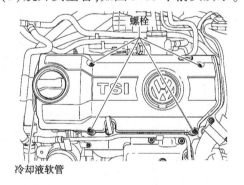

图3-17 带功率输出级的点火线圈的拆卸(一)

图3-18 带功率输出级的点火线圈的拆卸(二)

(4)沿图3-19中箭头所示方向将拉具T10094 A或点火线圈拉具Hazet 1849-7安装到带功率输出级的点火线圈上。

（5）轻轻拔出带功率输出级的点火线圈。

（6）按照图3-19所示安装钩子T10118。

（7）小心地松开插头锁止装置并拔出插头，如图3-20中箭头所示。

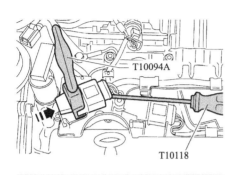

图3-19 带功率输出级的点火线圈的拆卸（三）

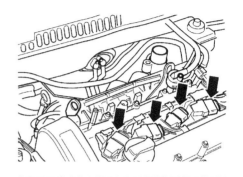

图3-20 带功率输出级的点火线圈的拆卸（四）

2）带功率输出级的点火线圈的安装

（1）将拉具T10094 A或点火线圈拉具Hazet 1849-7安装到T10118带功率输出级的点火线圈上。

（2）将插头插入到带功率输出级的点火线圈直到听到啮合声。

（3）按图3-21中箭头所示方向将带功率输出级的点火线圈按入到汽缸盖上。

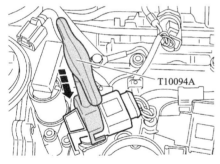

图3-21 带功率输出级的点火线圈的安装

（4）其余的安装按拆卸的相反顺序进行，安装过程中要注意：发动机罩盖固定螺栓的拧紧力矩为9N·m。

3）维修电控点火系统安全事项

（1）在发动机运转或起动时，不得接触或拔出点火导线。

（2）电控点火系统的导线以及测量仪导线只有在点火开关关闭时才能连接和断开。

（3）如果在试车时需要使用检测仪器，检测仪器必须固定在后座上，而且由第2个人在那里进行操作。如果在前座乘客座椅处操纵检测仪器，发生事故时，会由于触发乘客安全气囊而导致坐在那里的人受伤。

（4）如果要让发动机在不起动的状态下以起动机的转速运转，就必须拔出带功率输出级的点火线圈的插头（图3-20中箭头所示），并且从熔断丝支架上拆下发动机控制单元J623的熔断丝。

3.3.2 更换与检查火花塞

本部分以卡罗拉（1.6L）乘用车火花塞的更换与检查为例进行说明。卡罗拉（1.6L）乘用车电控点火系统部件安装位置如图3-22和图3-23所示。

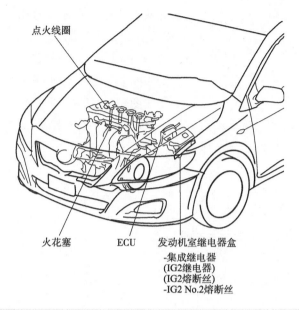

图 3-22　卡罗拉(1.6L)乘用车电控点火系统部件安装位置(一)

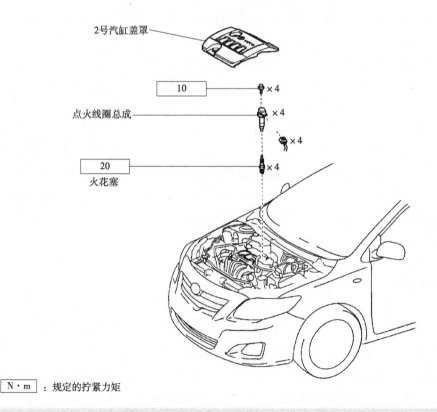

N·m：规定的拧紧力矩

图 3-23　卡罗拉(1.6L)乘用车电控点火系统部件安装位置(二)

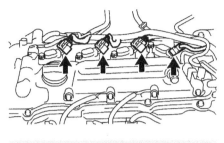

图 3-24　火花塞的更换(一)

1)火花塞的更换

更换火花塞的具体步骤如下：

(1)拆卸 2 号汽缸罩。

(2)拆卸点火线圈总成。

①如图 3-24 所示,断开 4 个点火线圈插接器。

②如图 3-25 所示,拆下 4 个螺栓和 4 个点火线圈。

注意:拆下点火线圈时,不要损坏发动机汽缸盖罩开口上的火花塞盖或火花塞套管顶部边缘。

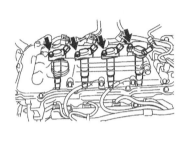 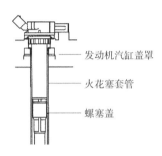

图 3-25　火花塞的更换(二)

(3)拆卸火花塞。如图 3-26 所示,用 14mm 火花塞扳手和 100mm 加长杆拆下 4 个火花塞。

(4)安装火花塞(图 3-26)。用 14mm 火花塞扳手和 100mm 加长杆用手轻轻安装 4 个火花塞,直到火花塞螺纹顺利安装到缸盖上,然后用扭力扳手将火花塞按规定力矩拧紧,拧紧力矩为 20N·m。

(5)安装点火线圈总成。

①用 4 个螺栓安装 4 个点火线圈(图 3-25),拧紧力矩为 10N·m。

图 3-26　火花塞的更换(三)

注意:安装点火线圈时,不要损坏发动机汽缸盖罩开口上的火花塞盖或火花塞套管顶部边缘。

②连接 4 个点火线圈插接器(图 3-24)。

(6)安装 2 号汽缸盖罩。

2)火花塞的检查

(1)清洁火花塞。如果火花塞电极上有湿炭的痕迹,用火花塞清洁器清洁并进行干燥。空气压力为 588kPa,干燥操作持续时间为 20s 或更短。

注意:仅当火花塞电极上没有机油时,使用火花塞清洁器。如果火花塞电极上有机油痕迹,在使用火花塞清洁器之前,用汽油清洗掉机油。清洗火花塞时不要使用钢丝刷,不要调整旧火花塞的电极间隙。

(2)火花塞外观检查。如图3-27所示,检查火花塞的螺纹和绝缘垫是否完好,如果有任何损坏,则更换火花塞。火花塞制造商为DENSO,产品型号为SC20HR11。

(3)火花塞电极间隙检查。如图3-28所示,使用间隙量规检查火花塞电极间隙。旧火花塞的最大电极间隙为1.3mm;新火花塞的电极间隙为1.0~1.1mm。如果火花塞电极间隙大于最大值,则更换火花塞。

(4)火花塞电极绝缘电阻检查。如图3-29所示,用兆欧表测量火花塞电极绝缘电阻值,标准电阻为10MΩ或更大。

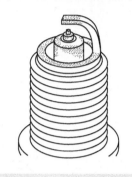

图3-27　火花塞外观检查

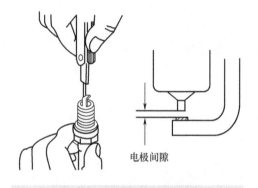

图3-28　火花塞电极间隙的检查

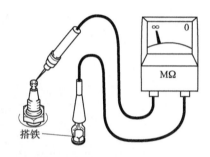

图3-29　火花塞电极绝缘电阻的检查

如果测量结果不符合规定,更换火花塞。如果没有兆欧表,则可用下述方法替代检查:
①将发动机迅速加速到4000r/min,重复操作5次。
②拆下火花塞。
③目视检查火花塞。
如果火花塞电极干燥,则火花塞正常工作。如果火花塞电极潮湿,则应更换火花塞。

3.3.3　爆震传感器的检修

本部分以卡罗拉(1.6L)乘用车爆震传感器的检修为例进行说明。

1)爆震传感器的拆装

拆装卡罗拉(1.6L)乘用车爆震传感器关零部件,如图3-30和图3-31所示。

(1)爆震传感器的拆卸。
①排净发动机冷却液。
②拆卸2号汽缸盖罩。
③拆卸空气滤清器盖分总成。
④拆卸节气门体总成。
⑤拆卸进气歧管。
⑥拆卸爆震传感器。如图3-32所示,断开爆震传感器插接器,拆下螺栓和爆震传感器。

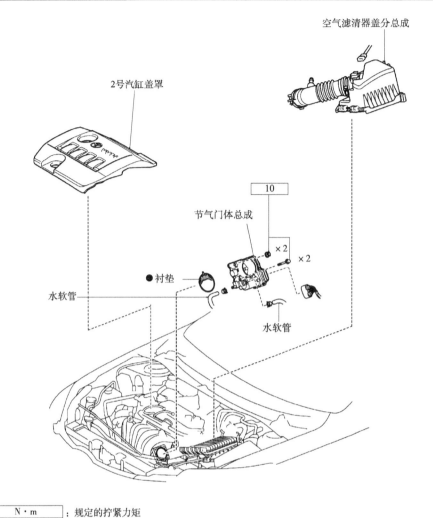

N·m ：规定的拧紧力矩

●不可重复使用零件

图 3-30　拆装爆震传感器相关零部件（一）

（2）爆震传感器的安装。

①安装爆震传感器。

a. 如图 3-33 所示，用螺栓安装爆震传感器，拧紧力矩为 20N·m。

注意：确保爆震传感器在正确位置。

b. 连接爆震传感器插接器。

②安装进气歧管。

③安装节气门体总成。

④安装空气滤清器盖分总成。

⑤安装 2 号汽缸盖罩。

⑥添加发动机冷却液。

⑦检查冷却液是否泄漏。

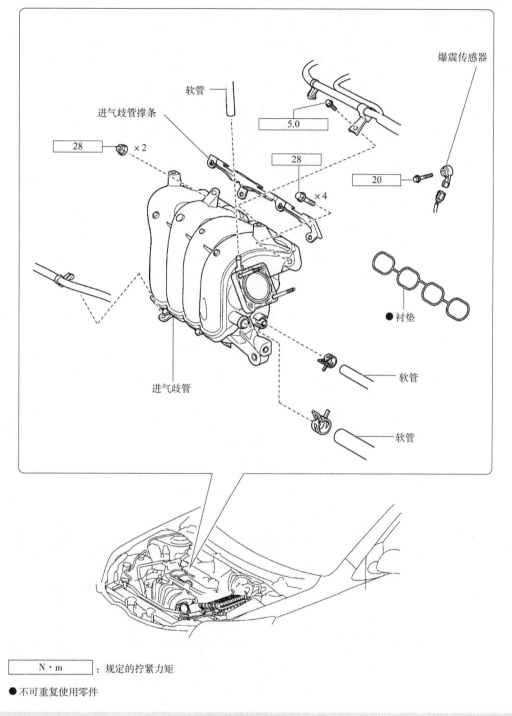

图 3-31　拆装爆震传感器相关零部件(二)

2)爆震传感器的检测

卡罗拉(1.6L)乘用车爆震传感器线路连接如图 3-34 所示。端子 1 是爆震传感器信号输入线,端子 2 是爆震传感器负极线,外面是屏蔽线。

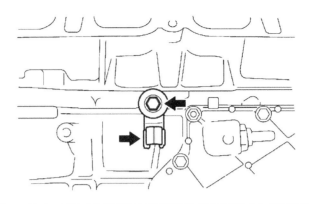

图 3-32 爆震传感器的拆卸

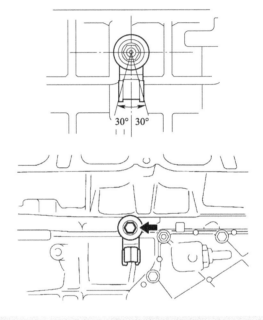

图 3-33 爆震传感器的安装

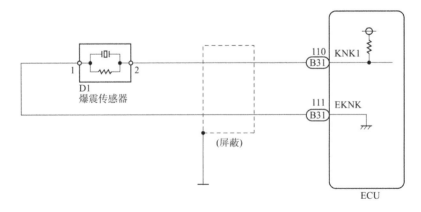

图 3-34 卡罗拉(1.6L)乘用车爆震传感器线路

(1)万用表检测。一般可通过测量电阻的方法对爆震传感器进行粗略的检测。对磁电伸缩式爆震传感器,由于其传感器内部采用了感应线圈,故用万用表检测时应有一定的电阻值,电阻值为零或无穷大均表示感应线圈有短路或断路故障;对压电式爆震传感器,由于传感器是用压电材料制作的,故用万用表检测时,其电阻值应为无穷大,若电阻值为零,表示有短路故障。

如图 3-35 所示,用万用表测量爆震传感器电阻时,断开点火开关,拔下爆震传感器线束插头,端子 1 与端子 2 之间阻值应大于 120～280kΩ(20℃时)。用万用表测量信号电压时,断开爆震传感器插接器,测量端子 1 与端子 2 之间的电压,正常时应为 2.5V 左右。如果测量结果不符合规定,则更换爆震传感器。

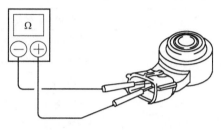

图 3-35　爆震传感器的检测

(2)读取故障代码和数据流。当爆震传感器发生故障时,发动机 ECU 能够检测到有关信息,并使发动机进入故障应急状态下运行。利用发动机解码器,通过诊断插座可以读取相关故障代码和数据流。以 70km/h 的速度行驶时,爆震反馈值的正常值应为 -20°～0°曲轴转角。

(3)波形检测。首先连接示波器,起动发动机并怠速运转,可对发动机加载,再察看波形显示,与标准爆震传感器标准波形(图 3-36)进行比较,可以判定传感器工作性能好坏。波形的峰值电压和频率将随发动机的负荷和转速的增加而增加。若发动机点火过早、燃烧温度不正常、废气再循环不正常时,其幅度和频率也会增加。打开点火开关,不起动发动机,用金属物敲击爆震传感器附近的缸体。在敲击发动机体后,示波器上应有一突变波形,敲击越大,幅值也越大。如果波形显示只是一条直线,说明爆震传感器没有信号输出,应检查线路和爆震传感器。

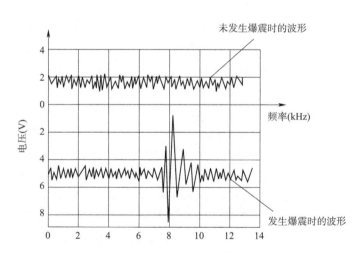

图 3-36　爆震传感器波形

3.3.4　电控点火系统故障诊断

本部分以卡罗拉(1.6L)乘用车电控点火系统故障诊断为例进行说明。

1)电控点火系统自诊断

电控点火系统 ECU 具有自诊断功能,通过发动机解码器可对其进行自诊断,读取故障代码,故障代码见表 3-2。

故障代码表　　　　　　　　　　　　　　　　　表 3-2

故障代码	故障部位	故障代码	故障部位
P0301	检测到 1 号汽缸缺火	P0339	曲轴位置传感器"A"电路间歇性故障
P0302	检测到 2 号汽缸缺火	P340	凸轮轴位置传感器"A"电路故障
P0303	检测到 3 号汽缸缺火	P0351	点火线圈"A"初级/次级电路故障
P0304	检测到 4 号汽缸缺火	P0352	点火线圈"B"初级/次级电路故障
P0327	爆震传感器 1 电路低输入	P0353	点火线圈"C"初级/次级电路故障
P0328	爆震传感器 1 电路高输入	P0354	点火线圈"D"初级/次级电路故障
P0335	曲轴位置传感器"A"电路故障	P0365	凸轮轴位置传感器"B"电路故障

2)读取数据流

起动发动机,并使发动机暖机。将解码器连接到诊断插口读取数据流,并记录下来。相关数据流见表 3-3。

点火系统数据流表　　　　　　　　　　　　　　表 3-3

测量项目	数据范围	正常值
汽缸点火正时提前	最小:-64° 最大:63.5°	急速:3°~13°
ECU 计算的负载	最小:0% 最大:100%	急速:10%~40%
爆震校正学习值	最小:-64°曲轴转角 最大:1984°曲轴转角	以 70km/h 的速度行驶:-20°~0°曲轴转角
发动机冷却液温度	最小:-40℃ 最大:140℃	暖机后:80~95℃
进气温度	最小:-40℃ 最大:140℃	等于环境气温
1 号节气门位置传感器输出电压	最小:0V 最大:5V	节气门全关:0.5~1.1V 节气门全开:3.2~4.9V
点火计数器	最小:0 最大:800	0~400
1-4 号汽缸缺火率	最小:0 最大:255	0

3)电控点火系统工作测试

可通过对电控点火系统工作测试(点火线圈和火花测试),检查其是否正常工作,具体的检查方法如下：

(1) 检查诊断故障代码(DTC)。

注意：如果存在 DTC，根据该 DTC 对应的程序进行故障排除。

(2) 检查火花塞是否有火花。

① 拆下 4 个点火线圈和 4 个火花塞。

② 如图 3-37 所示，断开 4 个喷油器插接器。

③ 将火花塞安装到各点火线圈上，并连接点火线圈插接器。

④ 将火花塞搭铁。

⑤ 起动发动机，检查并确认发动机起动过程中火花塞是否出现火花，如图 3-38 所示。测试结果如果出现正常火花，说明电控点火系统工作正常；如果没有出现火花或出现的火花不正常，说明电控点火系统有故障，则应执行步骤(3)程序继续检查。

注意：检查时将火花塞搭铁；更换任何已受物理碰撞影响的点火线圈；不要使发动机起动超过 2s。

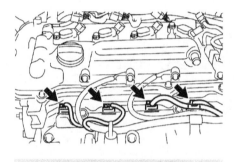

图 3-37　断开喷油器插接器

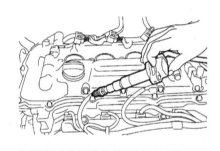

图 3-38　点火系统工作测试

(3) 根据以下程序执行火花测试。

① 检查并确认带点火器的点火线圈的线束侧插接器连接是否牢固。如果异常，将带点火器的点火线圈的线束侧插接器连接牢固。

② 对每个带点火器的点火线圈进行火花测试。换上能正常工作的带点火器的点火线圈，再次进行火花测试。如果火花测试正常，更换带点火器的点火线圈。

③ 检查火花塞。如果异常，更换火花塞。

④ 检查并确认带点火器的点火线圈是否有电源。将点火开关置于 ON 位置，检查并确认点火线圈正极(+)端子处有蓄电池电压。如果异常，检查点火开关和带点火器的点火线圈之间的配线。

⑤ 检查曲轴位置传感器的电阻。如图 3-39 所示，断开点火开关，拔下曲轴位置传感器线束插头，测量端子 1 和端子 2 之间的电阻，冷态时 (−10～50℃) 标准电阻值应为 1630～2740Ω；热态时 (50～100℃) 标准电阻值应为 2065～3225Ω。如果测量结果不符合规定，更换曲轴位置传感器。

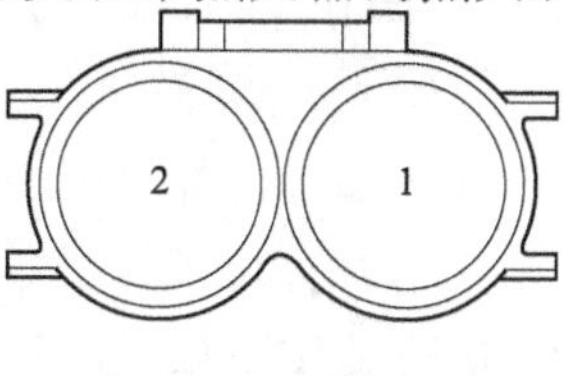

图 3-39　检查曲轴位置传感器的电阻

⑥检查来自 ECU 的点火信号(IGT)。如果异常,检查 ECU;如果正常,维修点火线圈和 ECU 间的线束。

(4)连接 4 个喷油器插接器。

(5)安装 4 个点火线圈和 4 个火花塞。

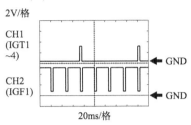

图 3-40 卡罗拉(1.6L)乘用点火信号波形

4)电控点火系统波形的测量

首先连接示波器,根据卡罗拉(1.6L)乘用车电控点火系统控制线路图,采用双通道同时测量 IGT(1~4)与 E1 及 IGF1 与 E1 之间的波形,起动发动机,通过示波器上显示的波形与图 3-40 所示的标准波形(怠速运转时)进行比较,从而可判断电控点火系统是否有故障。

5)电控点火系统控制线路的检查

当进行电控点火系统功能测试,火花塞不跳火或某缸点火信号波形不正常时,可对电控点火系统控制线路进行检查。测量项目及标准值见表 3-4。

电控点火系统控制线路的检查　　　　　　　表 3-4

测量项目	标 准 值	测量条件
点火线圈 1 端子与搭铁电压	12V	点火开关接通
点火线圈 4 端子与搭铁电压	0V	点火开关接通
点火线圈 2 端子与 IGT 端子电阻	小于 1Ω	断开线路
点火线圈 3 端子与 IGF 端子电阻	小于 1Ω	断开线路
点火线圈端子 1 与端子 2、3、4 间电阻	∞	断开线路
点火线圈端子 2 与端子 3、4 间电阻	∞	断开线路
点火线圈端子 3 与端子 4 间电阻	∞	断开线路

小组工作

(1)每 8 名学生组成 1 个工作小组,确定小组长,接受工作任务,做好工作准备。

(2)阅读工作单,查阅维修手册(或实训指导书)观察待拆装发动机电控点火系统,讨论拆卸方法和步骤,确定小组人员工作分工。向实训指导教师汇报讨论结果,经指导教师同意后,开始下一步的工作。

(3)按照工作单的引导,完成待拆装发动机电控点火系统的拆卸、分解和检查工作。

(4)在完成工作任务的过程中,根据工作单的要求,完成认识发动机电控点火系统零部件、描述其作用和工作原理等学习任务。

(5)完成工作单要求的发动机电控点火系统主要零部件的检测,将检测结果记录在工作单的相应栏目,并对检测结果作出分析。

(6)回答指导教师的现场提问,接受指导教师的技能考核。

(7)完成工作任务后,对工作过程进行自我评价和小组互评,听取指导教师的点评。

(8)清洁工作场所,清点维护工具设备,完成任务交接。回答指导教师的现场提问,接受指导教师的技能考核。

思考题

(1)简述点火系统的作用、类型和组成。

(2)简述电控点火系统的工作原理。

(3)简述电控点火系统的控制功能。

(4)简述电控点火系统主要部件的结构和工作原理。

(5)简述更换与检查火花塞的方法。

(6)简述爆震传感器的检查方法。

(7)简述电控点火系统故障诊断方法。

项目四

辅助控制系统构造与检修

学习情境

一位客户抱怨其驾驶的卡罗拉(1.6L)乘用车在车辆尾气检测中不达标。经维修技师检查,判断为发动机辅助控制系统功能失效故障,需对发动机辅助控制系统进行检修。

生产任务　发动机辅助控制系统失效故障检修

1)工作对象

待检修卡罗拉(1.6L)乘用车1台。

2)工作内容

(1)领取所需的工具,做好工作准备。

(2)检查发动机辅助控制系统的工作。

(3)拆卸、检查发动机辅助控制系统主要零部件并进行检测,分析检测结果,制订修复方案。

(4)安装发动机辅助控制系统零部件,确定发动机辅助控制系统工作正常。

(5)检查、评价工作质量。

(6)整理工具,清洁工作场地。

3)工作目标与要求

(1)学生应以小组工作的方式,完成本项工作任务。

(2)学生应能在小组成员的配合下,利用汽车维修手册(或实训指导书)制订并实施工作计划。

(3)能通过阅读资料和现场观察,辨别所检修发动机辅助控制系统的结构类型。

(4)能认识所检修发动机辅助控制系统的零部件,口述发动机辅助控制系统的工作原理和各零部件的作用。

(5)能向客户解释所修发动机辅助控制系统的故障原因和修复方案。

(6)能按规范的步骤,完成发动机辅助控制系统的主要零部件的拆卸和安装工作。

(7)在工作过程中,注意工作安全,做好废料的处理,保持工作环境整洁。

4.1 辅助控制系统的结构和工作原理

4.1.1 进气控制系统

发动机的充气效率是决定发动机动力性的主要因素之一,因此,发动机进气控制系统是发动机电控系统的重要控制内容。发动机进气控制系统要求能够根据发动机在不同工况的需要精确地控制配气正时和进气量。

4.1.1.1 可变配气正时控制系统

合理选择气门正时,保证最好的充气效率,是改变发动机性能极为重要的技术问题。理想的气门正时应能根据发动机工作情况及时作出调整,并具有一定程度的灵活性。可变配气正时控制系统能够提高发动机功率及转矩,减少发动机排放量,降低发动机耗油量。不同车系采用的可变配气正时控制系统的结构不尽相同,下面介绍几种典型的结构。

1)大众车系电子可变气门正时及升程控制系统

大众车系电子可变气门正时及升程控制系统(AVS)是通过排气凸轮轴上的电子气门升程切换以及进气和排气凸轮轴上的可变气门正时,实现了对每个汽缸气体交换的优化控制。此系统可使发动机获得更好的充气效率,提升发动机的响应性,在较低转速和较高增压压力下达到更高的转矩。

(1)结构。电子可变气门正时及升程控制系统的结构如图4-1所示,为了在排气凸轮轴上两个不同的气门升程之间相互切换,此凸轮轴有4个可移动的凸轮件(带有内花键)。每个凸轮件上都装有两对凸轮,其凸轮升程是不同的。通过执行元件对两种升程进行切换。执行元件接合每个凸轮件上的滑动槽,并移动凸轮轴上的凸轮件。每个凸轮件有两个执行元件用于在两种升程之间来回切换。

凸轮轴中的弹簧加载式球体将凸轮件锁定在其各自的端部位置。凸轮轴的滑动槽和轴向推力轴承会限制凸轮件的移动。

在两个执行元件的辅助下,每个凸轮件在排气凸轮轴上在两个切换位置之间被来回推动。每个汽缸的一个执行元件切换到更大的气门升程,另一个执行元件切换到更小的气门升程。每个执行元件由发动机ECU控制工作。

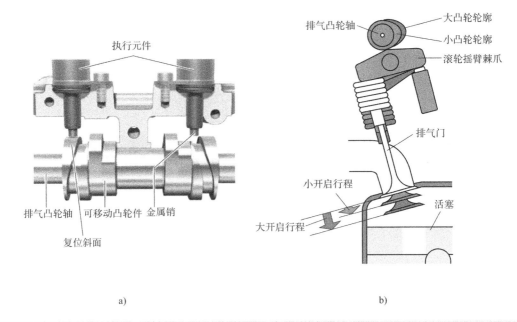

图 4-1 电子可变气门正时及升程控制系统的结构

（2）工作原理。

①较小气门升程控制。在较低发动机转速范围内使用较小的凸轮轮廓。何时使用凸轮轮廓以及使用哪个凸轮轮廓，均存储在发动机 ECU 图谱中。为了使这个负载范围内的气体交换性能更佳，发动机 ECU 通过凸轮轴调节器将进气凸轮轴提前、排气凸轮轴延迟，并且右侧执行元件工作，移动金属销使它接合滑动槽，并将凸轮件移至小凸轮轮廓，如图 4-2 所示。

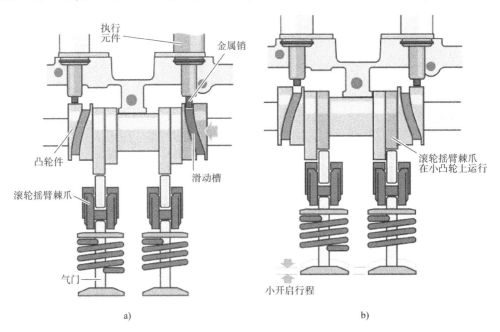

图 4-2 较小气门升程控制

气门现在沿着较小的气门轮廓上下移动。两个小凸轮的位置在某种程度上是交错的，确保汽缸两个排气门的开启时间是错开的。这两项措施会使废气从活塞中排到废气涡轮增压器中时，废气气流的脉动减小，从而可在低转速范围内达到较高的增压压力。

②较大气门升程控制。当发动机从部分负载改变为全负载时，汽缸内的气体交换必须适应更高的性能需求。发动机ECU通过凸轮轴调节器将进气凸轮轴提前、排气凸轮轴延迟。为达到最佳的汽缸填充性能，排气门需要最大的气门升程。为了实现此目的，左侧执行元件被启动，由左侧执行元件移动其金属销。金属销通过滑动槽将凸轮件移向大凸轮，排气门现在以最大的升程打开和关闭，如图4-3所示。

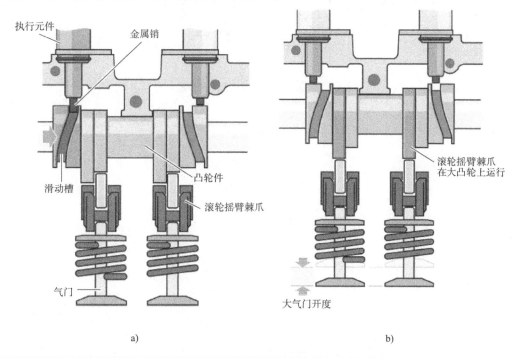

图4-3 较大气门升程控制

2）丰田车系智能可变配气正时控制系统

丰田车系智能可变配气正时（VVT-i）控制系统是一种控制进/排气凸轮轴气门正时的系统。

丰田车系VVT-i控制系统是在进/排气凸轮轴与传动链之间装有油压离合装置，让进/排气凸轮轴与链轮之间转动的相位差可以改变，通过调整凸轮轴转角对气门正时进行优化，其结构如图4-4所示。

凸轮轴正时机油控制阀根据发动机ECU的控制指令选择至VVT-i控制器的不同油路，使之处于提前、滞后或保持这3个不同的工作状态，控制油路如图4-5所示。此外，发动机ECU根据来自凸轮轴位置传感器和曲轴位置传感器的信号检测实际的气门正时，对进气控制系统进行反馈控制，以获得预定的配气正时。发动机起动时，进气凸轮轴处于"延迟"限位位置。排气凸轮轴在发动机起动时通过一个弹簧预先张紧并保持在"提前"位置处。电磁阀未通电时,凸轮轴就会在机油压力作用下固定在限位位置处。处于应急运行模式时,电磁阀不通电。进气凸轮轴处于"延迟"位置,排气凸轮轴处于"提前"位置。

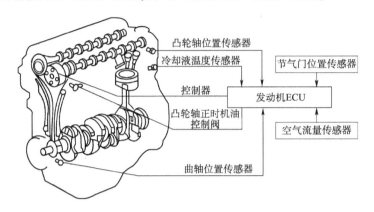

图 4-4　丰田车系 VVT-i 控制系统的组成

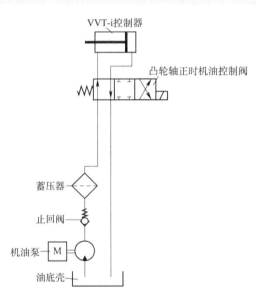

图 4-5　丰田车系 VVT-i 控制系统液压油路图

(1) VVT-i 控制器。VVT-i 控制器固定在进排气凸轮轴上,其结构如图 4-6 所示。在凸轮轴正时机油控制阀的控制下,可在进/排气凸轮轴上的气门正时提前和滞后液压油路中传递机油压力,使 VVT-i 控制器的固定在进/排气凸轮轴上的叶片沿圆周方向旋转,连续改变进/排气门正时,以获得最佳的配气相位。

(2) 凸轮轴正时机油控制阀。凸轮轴正时机油控制阀由滑阀、用来控制滑阀移动的线圈、柱塞及复位弹簧等组成,其结构如图 4-7 所示。

工作时,发动机 ECU 接收各传感器传来的信号,经分析、计算后发出控制指令给凸轮轴正时机油控制阀,以此控制滑阀的位置来控制机油流向,从而控制 VVT-i 控制器顺时针或逆时针转动,进行配气正时调节。

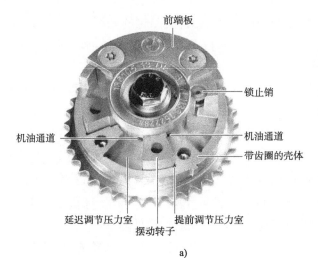

图 4-6　VVT-i 控制器

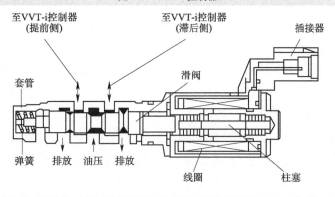

图 4-7　凸轮轴正时机油控制阀的结构

3）本田车系可变气门配气相位和气门升程电子控制系统

本田车系可变气门配气相位和气门升程电子控制系统（VTEC）是同时控制气门开闭时间及升程等两种不同情况的气门控制系统。与普通发动机相比，VTEC 发动机同样有 4 个气门（2 进 2 排）、凸轮轴和摇臂等，不同的是凸轮与摇臂的数目及控制方法。

（1）VTEC 的结构。VTEC 的结构如图 4-8 所示。同一汽缸的两个进气门有主、次之分，即主进气门和次进气门。每个进气门通过单独的摇臂驱动，驱动主进气门的摇臂称为主摇臂，驱动次进气门的摇臂称为次摇臂，在主摇臂、次摇臂之间装有一个中间摇臂，中间摇臂不与任何气门直接接触，3 个摇臂并列在一起组成进气摇臂总成。凸轮轴上相应有 3 个不同升程的凸轮分别驱动主摇臂、中间摇臂和次摇臂，凸轮轴上的凸轮也相应分为主凸轮、

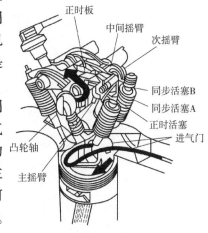

图 4-8　VTEC 的结构

中间凸轮和次凸轮。在凸轮形状设计上,中间凸轮的升程最大,次凸轮的升程最小。主凸轮的形状适合发动机低速时主进气门单独工作时的配气相位要求,中间凸轮的形状适合发动机高速时主、次双进气门工作时的配气相位要求。

正时板的功用是正时活塞处于初始位置和工作位置时,靠复位弹簧使正时板插入正时活塞相应的槽中,使正时活塞定位。

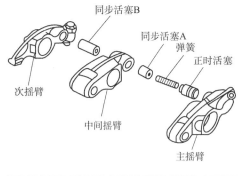

图4-9 进气摇臂总成

进气摇臂总成如图4-9所示,在3个摇臂靠近气门的一端均设有油缸孔,油缸孔中装有靠液压控制的正时活塞、同步活塞、阻挡活塞及弹簧。正时活塞一端的油缸孔与发动机的润滑油道连通,ECU通过VTEC电磁阀控制油道的通、断。

VTEC配气机构与普通配气机构相比,在结构上的主要区别是凸轮轴上的凸轮较多,且升程不等,进气摇臂总成的结构复杂。排气门的工作情况与普通配气机构相同。

(2) VTEC的工作原理。根据发动机转速、负荷等变化情况,VTEC改变驱动同一汽缸两进气门工作的凸轮,以调整进气门的配气相位及升程,并实现单进气门工作和双进气门工作的切换。

发动机低速运转时,VTEC电磁阀不通电,使油道关闭,机油压力不能作用在正时活塞上,在此摇臂油缸孔内的弹簧和阻挡活塞作用下,正时活塞和同步活塞A回到主摇臂油缸孔内,与中间摇臂等宽的同步活塞B停留在中间摇臂的油缸孔内,3个摇臂彼此分离,如图4-10所示。此时,主凸轮通过主摇臂驱动主进气门,中间凸轮驱动中间摇臂空摆;次凸轮的升程非常小,通过次摇臂驱动次进气门微量开启,其目的是防止次进气门附近积聚燃油。配气机构处于单进气门、双排气门工作状态,单进气门由主凸轮驱动。

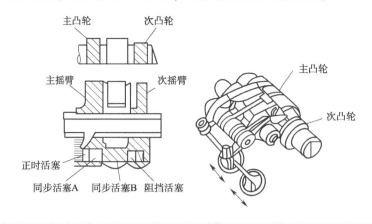

图4-10 发动机低速运转时VTEC的工作状态

当发动机高速运转,且发动机转速、负荷、冷却液温度及车速达到设定值时,ECU向VTEC电磁阀供电,使VTEC电磁阀开启,来自润滑油道的机油压力作用在正时活塞一侧,由正时活塞推动两个同步活塞和阻挡活塞移动,两个同步活塞分别将主摇臂与中间摇臂、次摇臂与中间摇臂插接成一体,成为一个同步工作的组合摇臂,如图 4-11 所示。此时,由于中间凸轮升程最大,组合摇臂受中间凸轮驱动,两个进气门同步工作,进气门的配气相位和升程与发动机低速时相比,其升程、提前开启角和迟后关闭角均增大。

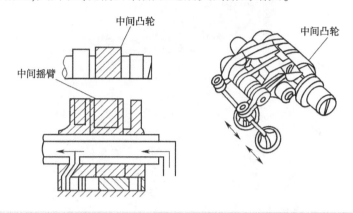

图 4-11　发动机高速运转时 VTEC 的工作状态

当发动机转速下降到设定值时,ECU 切断 VTEC 电磁阀电流,正时活塞一侧的机油压力降低,各摇臂油缸孔内的活塞在复位弹簧作用下复位,3 个摇臂又彼此分离而独立工作。

(3)VTEC 控制系统。VTEC 控制系统如图 4-12 所示。ECU 根据发动机转速、负荷、冷却液温度和车速信号控制 VTEC 电磁阀。VTEC 电磁阀通电后,通过 VTEC 压力开关给 ECU 提供一个反馈信号,以便监控系统工作。

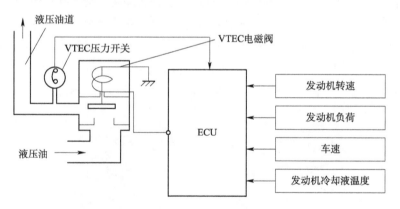

图 4-12　VTEC 控制系统

4)宝马车系电子气门升程控制系统

宝马车系电子气门升程控制系统(Valvetronic)是一种通过伺服电动机直接控制进气门的升程,从而调节进气量的一种进气控制系统,可使进气门升程在 0.18~9.9mm 之间连续无级变化,此系统可以进一步改善发动机的动力性和燃油经济性。

(1)结构。宝马车系电子气门升程控制系统的结构如图 4-13 所示,伺服电动机布置在凸轮轴上方,用于调节偏心轴。伺服电动机的蜗杆嵌入安装在偏心轴上的蜗轮内,进行调节后无需特别锁止偏心轴,因为蜗杆传动机构具有足够的自锁能力。

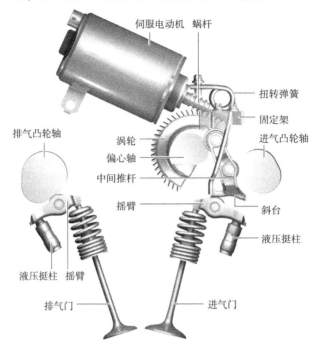

图4-13 电子气门升程控制系统的结构

(2)工作原理。偏心轴扭转可使固定架上的中间推杆朝进气凸轮轴方向移动。但由于中间推杆也靠在进气凸轮轴上,因此摇臂相对中间推杆的位置会发生变化。中间推杆的斜台朝排气凸轮轴方向移动。凸轮轴旋转和凸轮向中间推杆移动使中间推杆上的斜台发挥作用。斜台推动摇臂,从而使进气门继续向下移动,进气门因此继续开启。中间推杆改变凸轮轴与摇臂之间的传动比。在满负荷位置时,气门升程和持续开启时间达到最大值如图4-14a)所示;在怠速位置时,气门升程和持续开启时间达到最小值,如图4-14b)所示。

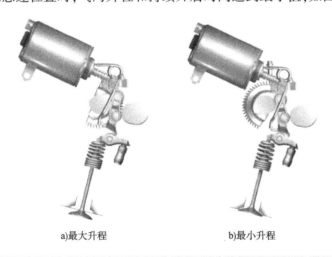

图4-14 电子气门升程控制系统的工作原理

由于怠速时的最小气门升程非常小,因此必须确保汽缸充气均匀分布,所有气门的开启程度必须相同,因此摇臂和相关中间推杆分为不同等级,通过标记出的参数可区分不同等级的部件。

5)奔驰车系可变配气相位控制系统

奔驰车系可变配气相位控制系统如图4-15所示,发动机共有两根进气凸轮轴和两根排气凸轮轴,采用链传动。它是通过改变进气凸轮轴与曲轴的相对位置,来实现配气相位调节的。进气凸轮轴链轮与凸轮轴连接凸缘之间装有调节活塞,使凸轮轴链轮与凸轮轴之间形成非刚性连接。ECU根据发动机转速信号、车速信号和挡位信号,通过电磁线圈和衔铁分别对左右两根进气凸轮轴配气相位进行控制。发动机工作中,ECU控制电路使线圈通电时,线圈产生的电磁力通过衔铁对调节活塞施加转动力矩,使进气凸轮轴沿其旋转方向相对其驱动链轮转过一定角度,该凸轮轴驱动的进气门配气相位提前;反之,线圈断电时,则使配气相位推迟。

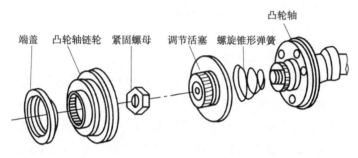

图4-15 可变配气相位控制系统

4.1.1.2 进气增压控制系统

发动机在不同工况时所需要的进气量大小不同。当发动机转速低时,所需要的进气量少;高转速时,发动机需要输出较大的转矩,所以需要提高发动机的进气量以提高发动机输出功率。进气增压控制系统能够实现发动机在高速运转和低速运转时对进气量变化的要求,进气增压控制系统可分为可变进气增压控制系统和废气涡轮增压控制系统两种。

1)可变进气增压控制系统

可变进气增压控制系统是利用改变进气管的长度或者截面积来改变发动机高、低速运转时进气量的大小,可分为动力阀控制系统和谐波增压控制系统两种。

(1)动力阀控制系统。动力阀控制系统是通过改变进气管截面积来改变发动机高速和低速运转时进气量的一种控制系统,可以适应发动机不同转速和负荷时对进气量的需求,从而改善发动机的动力性。动力阀控制系统的组成和工作原理如图4-16所示,用来控制进气道空气流通截面大小的动力阀安装在进气管上,动力阀的开闭由膜片真空气室控制,ECU根据各传感器信号通过真空电磁阀(VSV阀)控制真空罐与膜片真空气室的真空通道。发动机小负荷运转时,进气量较少,ECU断开真空电磁阀搭铁回路,真空罐中的真空度不能进入膜片真空气室,动力阀处于关闭位置,进气通道截面积变小。当发动机大负荷运转时,进气量较多,ECU接通真空电磁阀搭铁回路,真空罐中的真空度经真空电磁阀进入膜片真空气室,动力阀开启,进气通道截面积变大。动力阀控制系统的主要控制信号有发动机转速、温度、空气流量等信号。

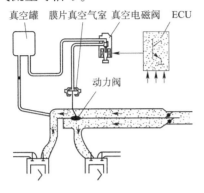 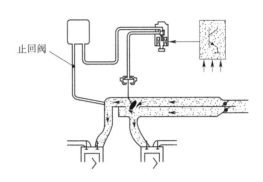

a)真空电磁阀打开、动力阀关闭　　　　b)真空电磁阀关闭、动力阀打开

图4-16　动力阀控制系统的组成和工作原理

（2）谐波增压控制系统。谐波增压控制系统(ACIS)是通过改变进气管长度来改变发动机高速和低速运转时进气量的一种控制系统。

①压力波的产生及利用。发动机工作中,进气管内的气体经进气门高速流入汽缸,当进气门关闭时,由于气体流动惯性使进气门附近的气体受到压缩而压力增高;当气体惯性过后,进气门附近被压缩的气体膨胀而流向进气相反的方向,压力下降;膨胀的气体流动到进气管口时又被反射回来,这样在进气管内即产生了压力波。在部分电控燃油喷射的发动机上,即利用了进气管内的压力波与进气门的开启相配合,当进气门开启时,使反射回来的压力波正好传到该进气门附近,从而形成进气增压的效果,提高发动机的充气效率。

发动机工作时,从进气门关闭到下一次开启的间隔时间取决于发动机的转速,而进气管内的压力波反射回到进气门处所需的时间,取决于压力波传播路线的长度。进气管较长时,压力波传播距离长,发动机低速性能较好;进气管较短时,压力波传播距离短,发动机高速性能较好。如果进气管的长度可以改变,则可兼顾发动机低速和高速运转时的性能要求,但发动机进气管的长度一般是不能改变的,其长度一般都是按最大转矩对应的转速区域（低速区域）设计的。

②谐波增压控制系统的组成和工作原理。谐波进气增压控制系统的功能就是根据发动机转速的变化,改变进气管内压力波的传播距离,以提高充气效率,改善发动机性能。谐波增压控制系统组成和工作原理如图4-17所示,主要由进气控制阀、真空驱动器、真空电磁阀、ECU及传感器等组成。进气控制阀和大容量的进气室设置在进气管中,当发动机转速较低时,同一汽缸的进气门关闭与开启间隔的时间较长,此时进气控制阀关闭,使进气管内压力波的传递距离为进气门到空气滤清器的距离,这一距离较长,压力波反射回到进气门附近所需时间也较长;当发动机处于高速区域运转时,此时进气控制阀开启,由于大容量进气室的影响,使进气管内压力波传递距离缩短为进气门到进气室之间的距离,与同一汽缸的进气门关闭与开启间隔的时间较短相适应,从而使发动机在高速运转时得到较好的进气增压效果。

项目四 辅助控制系统构造与检修

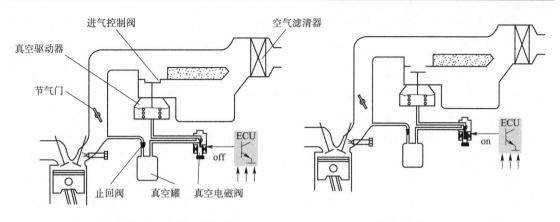

a)真空电磁阀关闭、进气控制阀关闭　　　　　b)真空电磁阀打开、进气控制阀打开

图 4-17　谐波增压控制系统的组成和工作原理

ECU 根据发动机转速信号控制真空电磁阀的开闭,发动机高速运转时真空电磁阀开启,真空罐内的真空进入真空驱动器的膜片气室,真空驱动器驱动进气控制阀开启。反之,发动机低速运转时真空电磁阀关闭,真空罐内的真空不能进入真空驱动器的膜片气室,进气控制阀处于关闭状态。

2)废气涡轮增压控制系统

涡轮增压控制系统是一种动力增压控制系统,按其动力源的不同,可分为机械增压、废气涡轮增压、复合增压和气波增压等几种形式。目前应用较为广泛的是废气涡轮增压控制系统。

(1)组成。废气涡轮增压控制系统是利用发动机排出的废气能量来驱动增压装置进行工作的,其系统组成如图 4-18 所示(图示为真空控制旁通阀式废气涡轮增压控制系统),主

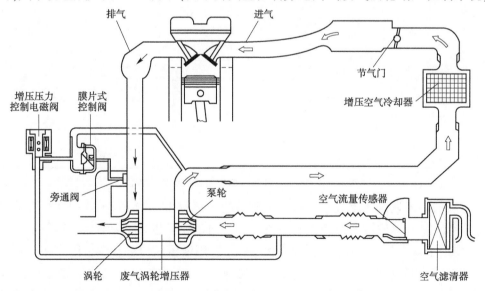

图 4-18　废气涡轮增压控制系统的组成

要由废气涡轮增压器、增压空气冷却器和控制装置组成。当发动机工作时,发动机排出的废气冲击安装在排气管道中的涡轮,使涡轮转动。同时,涡轮带动与其同轴的安装在进气管道中的泵轮,使其一块转动。泵轮相当于一个空气压缩机,可将进气管道内的空气增压后送至汽缸,以提高发动机的进气量,提高发动机的输出功率。另外,为了降低增压后空气的温度,在进气管道中通常安装有增压空气冷却器,以对增压后的空气进行冷却;为了实现对增压系统压力进行控制,还装有增压压力传感器、增压压力控制电磁阀及 ECU 等控制装置。

（2）控制过程。废气涡轮增压控制系统主要控制内容就是对增压压力进行控制。根据其控制方法的不同,可分为旁通气道控制式和涡轮转速控制式两种,目前在汽油发动机上主要采用旁通气道控制式废气涡轮增压控制系统。旁通气道控制式废气涡轮增压控制系统根据旁通阀控制方式的不同,又可分为真空控制旁通阀式和电动控制旁通阀式两种。

①真空控制旁通阀式废气涡轮增压控制系统。真空控制旁通阀式废气涡轮增压控制系统如图 4-19 所示。控制废气流动路线的旁通阀受膜片式控制阀的控制,在进气管与膜片式控制阀之间的压力空气通道中装有受 ECU 控制的增压压力控制电磁阀,增压压力控制电磁阀控制进入膜片式控制阀的气体压力。ECU 根据发动机运行工况,根据内部存储的特性曲线控制增压压力控制电磁阀。当需要废气涡轮增压器工作时,ECU 控制增压压力控制电磁阀通电,真空通道打开,膜片式控制阀的膜片驱动旁通阀关闭,此时废气流经涡轮室使废气涡轮增压器工作。当增压压力高于设定压力时,ECU 控制增压压力控制电磁阀断电,真空通道关闭,膜片式控制阀的膜片驱动旁通阀打开,废气不经涡轮室直接排出,废气涡轮增压器停止工作,进气压力下降,直到进气压力降至规定的压力时,ECU 又将增压压力控制电磁阀通电,旁通阀关闭,废气涡轮增压器又开始工作。

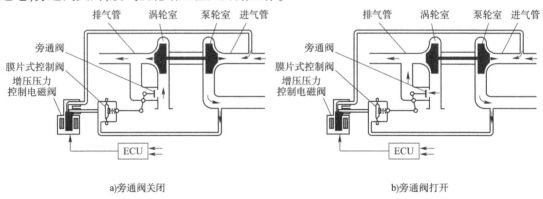

a) 旁通阀关闭　　　　　　　　　　　　b) 旁通阀打开

图 4-19　真空控制旁通阀式废气涡轮增压控制系统

②电动控制旁通阀式废气涡轮增压控制系统。迈腾 B8L 乘用车 2.0 l TSI 发动机电动控制旁通阀式废气涡轮增压控制系统如图 4-20 所示,与真空控制旁通阀式涡轮增压控制系统相比,取消了真空管路和增压压力控制电磁阀,采用增压压力电动调节阀直接控制旁通阀的开启和关闭。当需要废气涡轮增压器工作时,ECU 控制增压压力电动调节阀工作,增压压力电动调节阀电动机通过减速机构驱动旁通阀关闭,此时废气流经涡轮室使废气涡轮增压器工作。当增压压力高于设定压力时,ECU 控制增压压力电动调节阀通过减速机构驱动旁

通阀开启,废气不经涡轮室直接排出,废气涡轮增压器停止工作,进气压力下降,直到进气压力降至规定的压力时,ECU又控制增压压力电动调节阀使旁通阀关闭,废气涡轮增压器又开始工作。

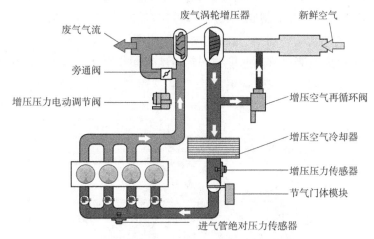

图4-20　迈腾B8L乘用车2.0l TSI发动机电动控制旁通阀式废气涡轮增压控制系统

(3)主要部件的结构。

①废气涡轮增压器。真空控制旁通阀式废气涡轮增压器(图4-21)和电动控制旁通阀

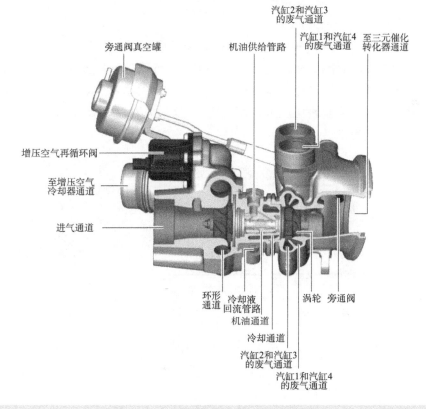

图4-21　真空控制旁通阀式废气涡轮增压器

式废气涡轮增压器(图4-22)都由涡轮室和泵轮室组成。涡轮室进气口与排气歧管相连,排气口接在排气管上;泵轮室进气口与空气滤清器管道相连,排气口接在进气歧管上。涡轮和泵轮分别装在涡轮室和泵轮室内,两者同轴刚性连接。涡轮室壳体采用新型铸钢材质制造,其耐温性好。泵轮室外壳一般由铸铝制成。利用发动机排出的废气惯性冲力来推动涡轮室内的涡轮转动,涡轮带动同轴的泵轮转动,泵轮压送由空气滤清器管道送来的空气,使之增压后进入汽缸。当发动机转速增快,废气排出速度与涡轮转速也同步增快,泵轮就压缩更多的空气进入汽缸,空气的压力和密度增大可以燃烧更多的燃料,从而增加了发动机的输出功率。

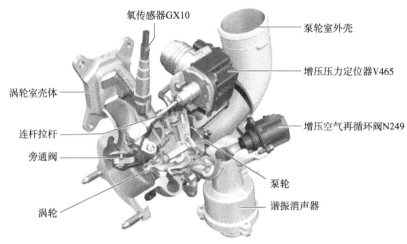

图4-22 电动控制旁通阀式废气涡轮增压器

②增压压力控制电磁阀。在真空控制旁通阀式废气涡轮增压控制系统中,发动机ECU通过增压压力控制电磁阀向膜片式控制阀施加真空,如图4-23所示。发动机ECU通过一个按脉冲宽度调制的信号控制增压压力控制电磁阀,这样就在膜片式控制阀上建立了决定旁通阀开启度的相应的真空。

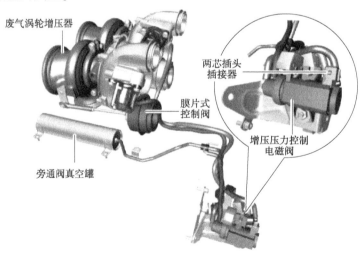

图4-23 增压压力控制电磁阀

③增压压力电动调节阀。在电动控制旁通阀式废气涡轮增压控制系统中,通过增压压力电动调节阀直接驱动旁通阀,增压压力电动调节阀由电动机和减速机构组成,如图4-24所示。电动机驱动可实现快速、精准的增压压力控制。增压压力电动调节阀的位置通过集成安装在增压压力电动调节阀外壳中的位置传感器识别,该传感器是一个霍尔传感器。在减速机构的机械部分上有一个连接有两块永磁铁的电磁线圈座,它们沿纵向移动,移动的距离与推杆相同。霍尔传感器检测电磁线圈的移动情况,并将信息发送至发动机ECU。这样发动机ECU可确定旁通阀的位置。

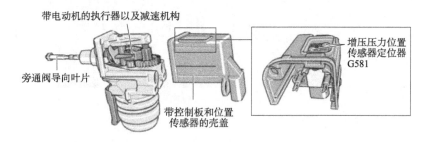

图4-24 增压压力电动调节阀

④增压压力传感器。废气涡轮增压控制系统的闭环控制是通过增压压力传感器来实现的,增压压力传感器安装在废气涡轮增压器之后、节气门之前的进气管路上,实现对增压压力的检测。目前车上应用较多的是半导体压敏电阻式增压压力传感器。

半导体压敏电阻式增压压力传感器的结构如图4-25所示,它是利用半导体的压电效应原理制成的,这种传感器是将硅片的周边固定在基座上,再将整体封入一壳体内,并在壳体内形成真空,当通道口与进气管相连接时,进气管内的压力就会使传感器内的膜片产生压力,此时由应变电阻组成的电桥电路就会输出与进气管内压力成比例的电压。由于基准压力是真空的压力,使用这种压力传感器可以测定出气体的绝对压力。半导体压敏电阻式增压压力传感器具有体积小、精度高、成本低和可靠性、抗振性好等特点,在现代汽车上得到了广泛应用。

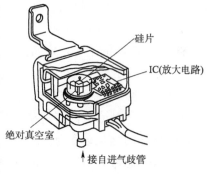

图4-25 半导体压敏电阻式增压压力传感器的结构

增压压力的信息通过一条信号线传输给发动机ECU,增压压力的有效信号根据压力变化而波动,测量范围约0.5~4.5V,对应于20~250kPa的增压压力。

⑤增压空气再循环阀。如果发动机转速较高时关闭节气门,进气管内就会产生真空压力。由于至进气管的通道已阻断,因此会在泵轮室后形成无法消除的较大背压,废气涡轮增压器将承受可造成部件损坏的负荷。增压空气再循环阀就是用于降低节气门快速关闭时不希望出现的增压压力峰值,降低发动机噪声并保护废气涡轮增压器部件。增压空气再循环

阀直接固定在废气涡轮增压器上，发动机 ECU 控制增压空气再循环阀的工作。增压空气再循环阀有两个位置：打开和关闭，如图 4-26 所示，当增压空气再循环阀打开时，形成一个围绕泵轮室的循环，增压压力被疏导到泵轮室的进气侧。

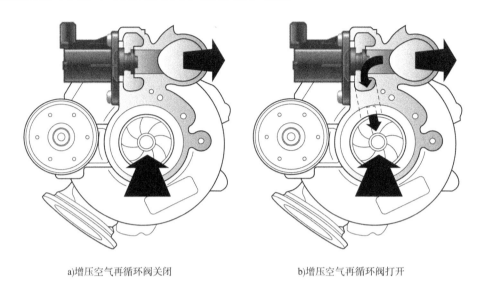

a) 增压空气再循环阀关闭　　　　b) 增压空气再循环阀打开

图 4-26　增压空气再循环阀的工作原理

4.1.2　怠速控制系统

在汽车使用中，怠速转速的高低直接影响燃油消耗和排放污染。怠速转速过高，燃油消耗增加，但怠速转速过低，由于运行条件较差或负载增加容易导致发动机运转不稳甚至熄火，同时又会增加排放污染。因此，发动机需要根据发动机怠速时工作条件及负荷的变化来控制怠速运转时的最低稳定转速。

1) 怠速控制系统的作用及组成

（1）怠速控制系统的作用。怠速是指节气门关闭、加速踏板完全松开、且发动机对外无功率输出并保持最低转速稳定运转的工况。电控燃油喷射式发动机在怠速工况时，空气通过节气门缝隙或旁通的怠速空气通道进入发动机，并由空气流量传感器（或进气管绝对压力传感器）对进气量进行检测，电控燃油喷射系统则根据各传感器信号控制喷油量，保证发动机以最佳的怠速转速运转。此时，驾驶人无法进行怠速进气量的调节与控制。

在怠速控制系统中，ECU 根据节气门位置传感器信号和车速信号确认怠速工况，只有在节气门全关、车速为零时，才进行上述的怠速控制。

（2）怠速控制系统的组成。怠速控制系统主要由传感器、ECU 和执行元件 3 部分组成，如图 4-27 所示，各组成部件的功用见表 4-1。ECU 根据各传感器的检测信号判断发动机是否处于怠速工况及发动机负荷的变化，并根据存储在 ECU 的怠速控制程序确定一个怠速运转的目标转速，并与实际怠速转速进行比较，根据比较结果控制执行元件工作，以调节进气量，使发动机的怠速转速达到所确定的目标值。

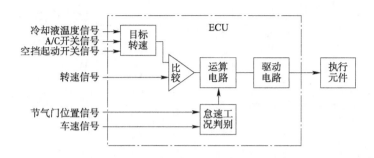

图 4-27 急速控制系统的组成

急速控制系统各组成部件的功用　　　　　　　　　　　　　　　　表 4-1

组件		功用
传感器	发动机转速传感器	检测发动机转速
	节气门位置传感器	检测发动机急速状态
	车速传感器	检测汽车行驶速度
	冷却液温度传感器	检测发动机冷却液温度
	起动开关信号	检测发动机起动工况
	空调开关(A/C)信号	检测空调的工作状态
	空挡起动开关(P/N)信号	检测换挡杆的位置
	动力转向开关信号	检测动力转向装置的工作状态
	发电机负荷信号	检测发电机负荷的变化
	液力变矩器负荷信号	检测液力变矩器负荷的变化
发动机 ECU		根据各传感器的输入信号,把发动机的实际转速与各传感器信号所确定的目标转速进行比较。根据比较结果,确定相当于目标转速的控制量,驱动执行元件,使急速转速保持在目标转速范围内
执行元件	急速控制阀	控制急速进气量

（3）急速控制系统的类型。

①按进气量控制方式分类。急速控制系统就是对急速工况下的进气量进行控制,根据进气量控制方式的不同,急速控制系统可分为节气门直动式和旁通空气式两种控制类型,如图 4-28 所示。

节气门直动式急速控制系统是通过执行元件改变节气门的最小开度来控制急速进气量,而在旁通空气式急速控制系统中,设有旁通节气门的急速空气通道,由执行元件控制流经急速空气通道的空气量。

②按执行元件分类。根据执行元件的不同,急速控制系统可分为直流电动机式、步进电动机式和电磁阀式。直流电动机式主要用于节气门直动式急速控制系统,步进电动机式和电磁阀式主要用于旁通空气式急速控制系统。

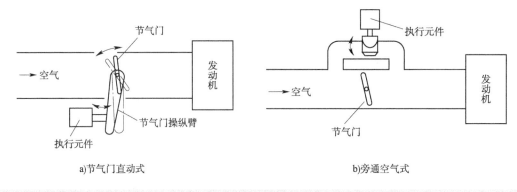

图 4-28 怠速控制系统的控制类型

2)怠速控制系统的控制内容

为了实现发动机在目标怠速转速下稳定运转,怠速控制系统主要完成起动初始位置的设定、起动控制、暖机控制、怠速稳定控制、怠速预测控制、电器负荷增多时的怠速控制和学习控制等控制内容。

(1)起动初始位置的设定。为了改善发动机的起动性能,关闭点火开关使发动机熄火后,ECU 继续给怠速控制阀供电约 2~3s,使怠速控制阀回到起动初始(全开)位置。待怠速控制阀回到起动初始位置后,ECU 停止给怠速控制阀供电,怠速控制阀保持全开不变,为下次起动作好准备。

(2)起动控制。发动机起动时,由于怠速控制阀预先设定在全开位置,在起动期间经怠速空气通道可供给最大的空气量,有利于发动机起动。但怠速控制阀如果始终保持在全开位置,发动机起动后的怠速转速就会过高,所以在起动期间,ECU 根据冷却液温度的高低控制怠速控制阀,调节怠速控制阀的开度,使之达到起动后暖机控制的最佳位置,此位置随冷却液温度的升高而减小,控制特性存储在 ECU 内。

(3)暖机控制。暖机控制又称快怠速控制,在暖机过程中,ECU 根据冷却液温度信号,按 ECU 内存储的控制特性控制怠速控制阀开度,随着冷却液温度的上升,怠速控制阀开度逐渐减小。当冷却液温度达到设定温度时,暖机控制过程结束。

(4)怠速稳定控制。在怠速运转时,ECU 将接收到的转速信号与确定的目标转速进行比较,其差值超过一定值(一般为 20r/min)时,ECU 将控制怠速控制阀,调节怠速空气供给量,使发动机的实际转速与目标转速相同。怠速稳定控制又称反馈控制。

(5)怠速预测控制。发动机在怠速运转时,变速器挡位、动力转向、空调工作状态的变化都将使发动机的转速发生可以预见的变化。为了避免发动机怠速转速波动或熄火,当发动机负荷出现变化时,在发动机转速出现变化前,ECU 就会根据各负载设备开关信号(A/C 开关等),提前调节怠速控制阀的开度。

(6)电器负荷增多时的怠速控制。在怠速运转时,如使用的电器负载增大到一定程度,蓄电池电压就会降低。为了保证发动机电控系统正常的供电电压,ECU 根据蓄电池电压信号,调节怠速控制阀的开度,提高发动机的怠速转速,以提高发电机的输出功率。

(7)学习控制。在发动机使用过程中,由于磨损等原因会导致怠速控制阀的性能发生改变,怠速控制阀的位置相同时,实际的怠速转速会与设定的目标转速略有不同。在此情况下,ECU 在利用反馈控制使怠速转速回归到目标值的同时,还可将怠速控制阀的运行情况存储在 ROM 存储器中,以便在此后的怠速控制过程中使用。

3)怠速控制系统执行元件的结构和工作原理

(1)节气门直动式怠速控制系统执行元件的结构和工作原理。节气门直动式怠速控制系统是通过节气门体怠速稳定控制器控制节气门的开启来实现怠速稳定控制的,怠速稳定控制器由一个直流怠速电动机通过齿轮传动,控制节气门的开启。图 4-29 所示为节气门直动式怠速控制系统执行元件的结构,节气门体主要由节气门和怠速稳定控制器组成,该怠速稳定控制器主要由怠速电动机、齿轮减速机构、应急弹簧、节气门电位计、怠速节气门电位计和怠速开关等构成。怠速电动机可正反两方向旋转,通过减速机构直接驱动节气门转动,使节气门开度增大或减小。节气门电位计相当于电控燃油喷射式发动机的节气门位置传感器,怠速节气门电位计相当于一个高灵敏度的仅用于检测节气门怠速开度的节气门位置传感器,怠速开关则用来判定节气门是否处于怠速状态。

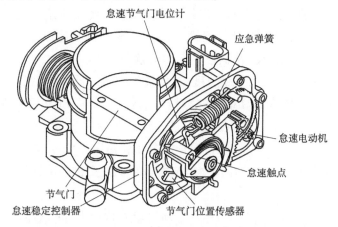

图 4-29 节气门直动式怠速控制执行元件的结构

节气门直动式怠速控制系统执行元件的控制电路如图 4-30 所示,节气门体上的怠速稳定控制器通过一个 8 端子插接器与 ECU 相连,各端子排列如图 4-31 所示。ECU 的 62 端子向节气门电位计和怠速节气门电位计提供 5V 工作电压;67 端子则通过 ECU 内部搭铁;65 端子和 74 端子分别接收来自节气门电位计和怠速节气门电位计的信号;69 端子与怠速开关相连,用来判定节气门是否处于怠速状态;怠速开关闭合,69 端子电位为 0 的情况下,ECU 通过 66 端子和 59 端子向怠速电动机输出正向或反向的工作电流,使怠速电动机驱动节气门开大或关小,达到稳定和调节怠速转速的目的。当需要锁定怠速电动机从而锁定节

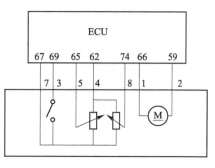

图 4-30 节气门直动式怠速控制系统执行元件的控制电路

气门开度时,ECU 通过内部将 66 端子与 59 端子短接,即将怠速电动机的两个输入端子短接,利用电动机电枢感应电流所产生的磁场,形成电动机的转动阻力,从而产生制动效果。

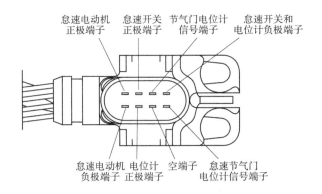

图 4-31　怠速稳定控制器端子排列顺序

当 ECU 根据发动机转速、冷却液温度、空调开关等信号判定需要调节节气门开度来稳定或控制发动机的怠速转速时,就会向怠速电动机提供正向或反向工作电流。使怠速电动机正向或反向运转,并通过齿轮减速机构驱动节气门开度增大或减小,怠速节气门电位计则将节气门怠速开度的变化情况随时反馈给 ECU。当发动机转速或节气门开度达到理想值时,ECU 又会将怠速电动机锁定,从而使节气门开度锁定。当节气门由大开度突然关闭时,怠速电动机还可以减缓节气门的关闭速度,起到节气门缓冲器的作用。

此外,ECU 具有自适应学习功能。在稳定的怠速工况下,ECU 可将对应的怠速节气门开度位置存储记忆,以便下次起动后在稳定怠速控制过程中参考。当发动机技术状况发生变化(例如磨损、积炭等情况)时,要维持同样的怠速转速所需要的节气门开度可能会发生变化,这种自适应学习功能则可保证在发动机技术状态发生变化的情况下,其怠速转速基本维持不变。

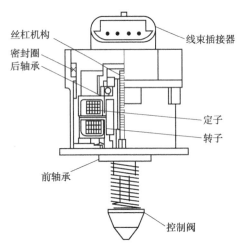

图 4-32　步进电动机式怠速控制阀的结构

断电熄火状态下,应急弹簧将节气门拉开至某特定开度,保证下次起动后,发动机处于高怠速运转状态,随着冷却液温度的升高,ECU 通过怠速电动机将节气门开度逐渐减小,发动机逐渐恢复到正常怠速状态。

当控制电路或怠速电动机等发生故障时,应急弹簧还可将节气门拉开到某一预定的开度,保证发动机能以较高怠速应急运转,从而避免了发动机熄火现象。

(2)旁通空气式怠速控制系统执行元件的结构和工作原理。

①步进电动机式怠速控制阀。步进电动机式怠速控制阀的结构如图 4-32 所示,步进电动机主要

由转子和定子组成,丝杠机构将步进电动机的旋转运动转变为阀杆的直线运动,怠速控制阀与阀杆制成一体,使阀芯作轴向移动,改变阀芯与阀座之间的间隙。步进电动机式怠速控制阀安装在节气门体上。

步进电动机的结构如图4-33所示,主要由用永久磁铁制成的有16个(8对)磁极的转子和两个定子(定子A和定子B)组成。每个定子都由两个带16个爪极的铁芯交错装配在一起,每对爪极(N极与S极)之间的间距为一个爪极的宽度,A、B两定子相差一个爪极的位差(图4-34),两个定子上分别绕有1、3相和2、4相两组线圈,每个定子上两线圈的绕制方向相反。ECU控制步进电动机工作时,给线圈输送的是脉冲电压,4个线圈的通电顺序(相位)不同,步进电动机的转动方向就不同,当按一定顺序输入一定数量的脉冲时,步进电动机就向某一方向转过一定的角度,步进电动机的转动量取决于输入脉冲的数量。因此,ECU通过对定子线圈通电顺序和输入脉冲数量的控制,即可改变步进电动机式怠速控制阀的位置(即开度),从而控制怠速空气量。由于给步进电动机每输入一定量的脉冲只转过一定的角度,其转动是不连续的,所以称为步进电动机。

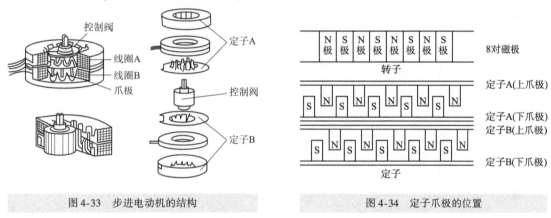

图4-33　步进电动机的结构　　　　　　图4-34　定子爪极的位置

步进电动机的工作原理如图4-35所示。当ECU控制使步进电动机的线圈按1-2-3-4的顺序依次搭铁时,定子磁场顺时针转动,由于与转子磁场间的相互作用(同性相斥,异性相吸),使转子随定子磁场同步转动。同理,步进电动机的线圈按相反的顺序通电时,转子则随定子磁场同步反转。转子每转一步与定子错开一个爪极的位置,由于定子有32个爪极(上、下两个铁芯各16个),所以步进电动机每转一步为1/32圈(约11°转角),步进电动机的工作范围为0~125个步进级。

图4-36所示为步进电动机式怠速控制阀电路图。主继电器触点闭合后,蓄电池电源经主继电器到达怠速控制阀的B_1和B_2端子、ECU的+B和+B_1端子,B_1端子向步进电动机的1、3相两个线圈供电,B_2端子向2、4相两个线圈供电。4个线圈分别通过端子S_1、S_2、S_3和S_4与ECU端子ISC_1、ISC_2、ISC_3和ISC_4相连,ECU控制各线圈的搭铁回路,以控制怠速控制阀的工作。

②电磁阀式怠速控制阀。根据驱动怠速控制阀开启的方向不同,可分为旋转电磁阀式怠速控制阀(图4-37)和滑阀电磁阀式怠速控制阀(图4-38)。旋转电磁阀式怠速控制阀是

通过电磁阀驱动怠速控制阀转动,从而改变怠速空气旁通气道的大小来调节怠速进气量,实现怠速转速的调节。滑阀电磁阀式怠速控制阀是通过电磁阀驱动怠速控制阀轴向移动,从而改变怠速空气旁通气道的大小来调节怠速进气量,实现怠速转速的调节。

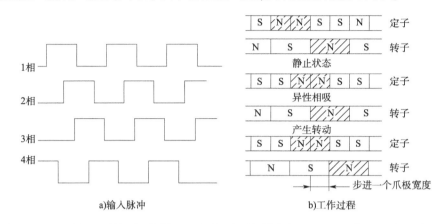

图4-35 步进电动机的工作原理

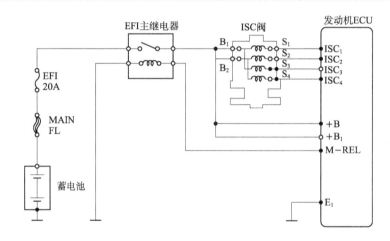

图4-36 步进电动机式怠速控制阀电路

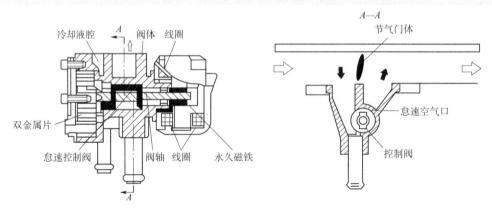

图4-37 旋转电磁阀式怠速控制阀的结构

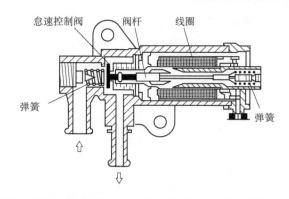

图 4-38 滑阀电磁阀式怠速控制阀的结构

图 4-39 所示为电磁阀式怠速控制阀的控制电路,ECU 通过控制电磁阀式怠速控制阀线圈的平均通电时间(占空比)来实现对怠速控制阀开度的控制。占空比是指脉冲信号的通电时间与通电周期之比,通电周期一般是固定的,所以占空比增大,即是延长通电时间。ECU 通过控制输入线圈脉冲信号的占空比来控制磁场强度,以调节怠速控制阀的开度,从而实现怠速空气量的控制。

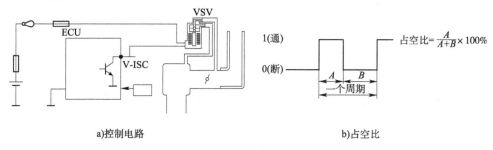

a)控制电路   b)占空比

图 4-39 电磁阀式怠速控制阀的控制电路

4.1.3 排放控制系统

随着汽车保有量的不断增加,汽车所造成的环境污染,已越来越引起人们的普遍关注。汽车所产生的有害气体主要来自发动机燃烧后所排放的废气、曲轴箱的废气和燃油蒸发形成的废气。各国的废气排放标准越来越严格,各汽车制造厂为了能够顺利达到汽车废气检验标准,便研究开发出控制废气排放的各种方法,应用在汽车上的主要有燃油蒸气控制系统、三元催化转化控制系统、曲轴箱强制通风系统、废气再循环控制系统和二次空气喷射系统等。

1)燃油蒸气控制系统

(1)燃油蒸气控制系统的功能。为防止燃箱内的燃油蒸气排入大气造成污染,在发动机电控系统中采用了由发动机 ECU 控制的活性炭罐燃油蒸气(Evaporative,EVAP)控制系统,用来收集燃油箱内蒸发的燃油蒸气,并根据发动机工况,将适量的燃油蒸气导入汽缸参加燃烧,从而防止燃油蒸气直接排入大气而造成污染。

(2)燃油蒸气控制系统的组成和工作原理。在装有燃油蒸气控制系统的汽车上,燃油箱盖上只有空气阀,而不设燃油蒸气放出阀。燃油蒸气控制系统的组成如图 4-40 所示,主要由止回阀、进气管、EVAP 电磁阀、真空控制阀、活性炭罐等组成。

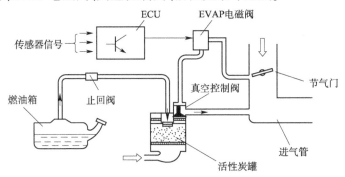

图 4-40　燃油蒸气控制系统的组成

在活性炭罐与燃油箱之间设有排气管和止回阀,当燃油箱内的燃油蒸气超过一定压力时,顶开止回阀经排气管进入活性炭罐,活性炭罐内的活性炭将燃油蒸气吸附在活性炭罐内。发动机工作时,ECU 根据发动机转速、温度、空气流量等信号,控制 EVAP 电磁阀的开闭来控制真空控制阀上部的真空度,从而控制真空控制阀的开度。当真空控制阀打开时,燃油蒸气通过真空控制阀被吸入进气歧管。活性炭罐下方设有进气滤芯并与大气相通,使部分清洁空气与活性炭罐内的燃油蒸气一起被吸入进气管,从而防止混合气变浓。

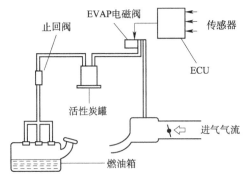

图 4-41　EVAP 电磁阀直接控制的燃油蒸气控制系统

在部分燃油蒸气控制系统中,活性炭罐上不设真空控制阀,而将受 ECU 控制的 EVAP 电磁阀直接装在活性炭罐与进气管之间的吸气管中,如图 4-41 所示。ECU 根据节气门位置传感器、冷却液温度传感器和进气温度传感器信号控制 EVAP 电磁阀通电或断电,EVAP 电磁阀直接控制活性炭罐与进气管之间的吸气通道。当发动机息速(进气量较少)或温度较低时,ECU 使 EVAP 电磁阀断电,关闭吸气通道,活性炭罐内的燃油蒸气不能被吸入进气管。

2)三元催化转换控制系统

(1)三元催化转换控制系统的功能。三元催化转换控制系统功用主要是通过三元催化转换器和氧传感器来实现的。三元催化转换器安装在排气管中部,其功能是利用转换器中的三元催化剂的作用,将发动机排出废气中的有害气体如碳氢化合物(HC)、一氧化碳(CO)、氮氧化合物(NO_x)转变为无害的二氧化碳(CO_2)、水(H_2O)及氮气(N_2)。

(2)三元催化转换器的结构和工作原理。

①结构。三元催化转换器(Three Way Catalyst,TWC)一般由壳体、减振层、载体和催化剂涂层部分组成,如图 4-42 所示。三元催化转换器壳体由不锈钢材料制成,以防氧化皮脱落造成载体堵塞。载体一般由氧化铝制成,是承载催化剂的一种支撑体。催化剂常用贵重

金属如铂、钯、铑制成,可以促进废气中 CO、HC 氧化反应及 NO_x 还原反应的速度,而其本身不被消耗和改变。减振层一般采用膨胀垫片或钢丝网垫,起密封、保温和固定载体的作用,防止三元催化转换器壳体受热变形等对载体造成损害。

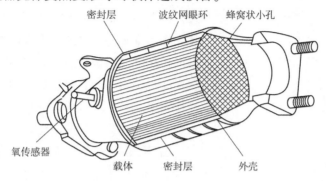

图 4-42　三元催化转换器的结构

三元催化转换器一般为整体不可拆卸式。根据催化剂载体的结构特点,三元催化转换器可分为颗粒型和蜂巢型两种类型,前者将催化剂沉积在颗粒状氧化铝载体表面,后者将催化剂沉积在蜂巢状氧化铝载体表面,氧化铝表面有形状复杂的表层,可增大催化剂与废气的实际接触面积。

②工作原理。当发动机排出的废气经过三元催化转换器时,三元催化转换器中的铂催化剂就会促使 HC 与 CO 氧化生成 H_2O 和 CO_2,铑催化剂会促使 NO_x 还原为 N_2 和 O_2,如图 4-43 所示。

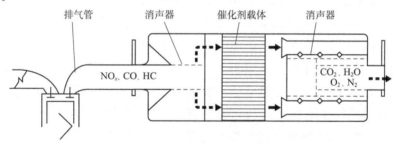

图 4-43　三元催化转换器工作原理

(3)影响三元催化转换器转换效率的因素。三元催化转换器的转换效率是指废气经过三元催化转换器后,催化剂使 HC、CO 和 NO_x 氧化还原成水蒸气、CO_2 和 N_2 的程度。

三元催化转换器将有害气体转变成无害气体的效率受诸多因素的影响,其中影响最大的是混合气的浓度和排气温度。

三元催化转换器的转换效率与混合气浓度的关系如图 4-44 所示,可见在标准的理论空燃比 14.7 附近,对废气中 3 种有害气体(HC、CO、NO_x)的转换效率均比较高。混合气过浓或过稀时,都将使三元催化转换器的转换效率降低。在发动机工作中,为将实际空燃比精确控制在标准的理论空燃比附近,一般在三元催化转换器与发动机之间的排气管或排气歧管上都装有氧传感器,用来检测废气中的氧浓度,氧传感器信号输送给 ECU,ECU 根据此信号对喷油器的喷油量进行修正,使实际的空燃比更接近理论空燃比。同时,在三元催化转化器的后面还装有一个氧传感器,用来监测三元催化转换器的转换效率。

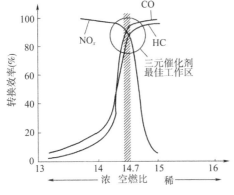

图4-44 三元催化转换器的转换效率与混合气浓度的关系

此外,发动机的排气温度过高(815℃以上)时,三元催化转换器的转换效率将明显下降。有些三元催化转换器中装有排气温度报警装置,当ECU收到排气温度传感器高温信号后,发出报警信号,此时,应立即将发动机熄火,查明排气温度过高的原因,予以排除。在使用中,排气温度过高一般是由于发动机长时间在大负荷下工作或因故障而燃烧不完全所致。

另外,铅和硫等元素对三元催化转换器会造成不利的影响,因为铅和硫等会与催化剂作用形成新的结晶体结构沉积在催化剂上面,从而破坏催化剂的表面活性,这就是所谓的三元催化剂中毒,是影响三元催化转换器寿命的最为严重的物理现象。因此,使用三元催化转换器的前提是燃油的无铅化。硫主要对稀土类催化器的寿命有较大影响。

3)曲轴箱强制通风系统

发动机工作时,不可避免地会有一定量的混合气与废气从燃烧室窜入曲轴箱。因此,曲轴箱内的润滑油在高温废气中的热量、水分以及燃油等的影响下,将被稀释和发生变质。同时,曲轴箱窜气直接排入大气,将导致HC等排放污染物增加。

曲轴箱强制通风(Positive Crankcase Ventilation,PCV)系统的作用就是将窜入曲轴箱内的气体导入发动机进气系统,使之重新回到燃烧室参加燃烧,从而降低发动机的排放污染。

(1)自然吸气式曲轴箱强制通风系统。自然吸气式曲轴箱强制通风系统的组成如图4-45所示,主要由PCV阀、PCV软管和平衡管组成,发动机工作时,利用进气歧管内的真空度将窜入曲轴箱的气体经PCV阀和PCV软管吸入进气歧管,随着新鲜空气一起进入汽缸参加燃烧。采用PCV装置的发动机曲轴箱是密封的,为防止曲轴箱内产生负压或压力过高,设有平衡管。

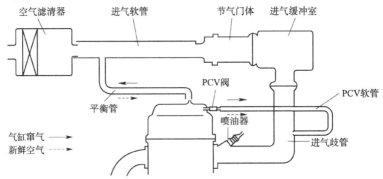

图4-45 自然吸气式曲轴箱强制通风系统的组成

PCV 阀是一个止回阀,其结构如图 4-46 所示。由于止回阀进气歧管侧为锥形,所以随止回阀位置的不同可改变 PCV 阀的开度,从而实现对吸入窜气量的自动调节。发动机工况不同,进气歧管真空度也不同。当作用在止回阀上的吸力与 PCV 阀弹簧的弹力平衡时,止回阀的位置不变。在怠速小负荷或减速时,进气歧管内的真空度较大,PCV 阀开度减小;在大负荷或加速时,PCV 阀开度则增大。

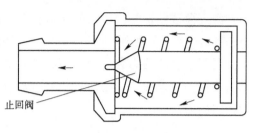

图 4-46　PCV 阀的结构

（2）增压发动机曲轴箱通风系统。对增压发动机来说,其曲轴箱的通风分为增压器工作和增压器不工作两种模式,如图 4-47 所示。在自然吸气模式下,由于节气门后方能够提供真空,因此其通风路径为:泄漏气体→孔板(油气分离)→调压阀→节流止回阀→汽缸盖和汽缸盖罩内的通道→进气门;在增压器工作后,节气门后方不再有真空,而增压器前方的进气管内由于空气流速较快会产生较小的真空,其通风路径为:泄漏气体→孔板(油气分离)→调压阀→节流止回阀→增压空气进气管路通道→废气涡轮增压器→节气门→进气集气管→进气门。

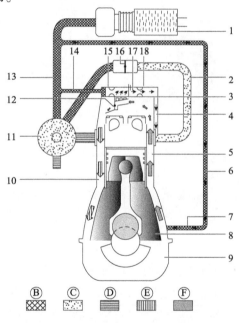

a）自然吸气模式下的曲轴箱通风

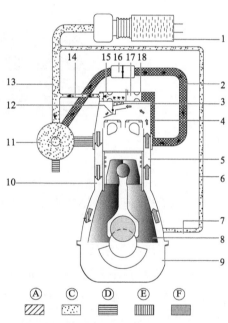

b）增压模式下的曲轴箱通风

图 4-47　增压发动机曲轴箱通风系统
A-增压压力;B-大气压力;C-真空压力;D-废气;E-机油;F-泄漏气体;1-空气滤清器;2-进气集气管;3-孔板;4-汽缸盖和汽缸盖罩内的通道;5-机油回流通道;6-清洁空气管路;7-止回阀;8-曲轴空间;9-油底壳;10-机油回流通道;11-废气涡轮增压器;12-机油回流止回阀;13-增压空气进气管路;14-增压空气进气管路通道;15-节流止回阀;16-节气门;17-调压阀;18-节流止回阀

为了保证曲轴箱内压力的相对稳定,发动机上多采用调压阀对曲轴箱内的压力进行调节,其结构和工作原理如图4-48所示。调压阀的塑料壳体内有一个隔膜,该隔膜一方面承受待调真空度的压力和一个弹簧的作用力,另一方面承受大气压力。此隔膜与一个带有球阀的阀盘固定连接在一起,根据隔膜位置将波动较大的进气装置压力降低到几乎恒定的曲轴箱内压力。

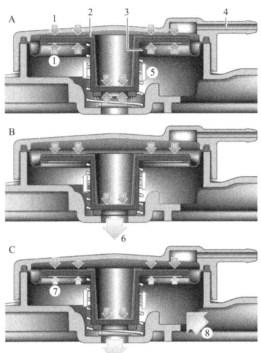

图4-48 调压阀的结构和工作原理

A-发动机处于静止状态时调压阀开启;B-处于怠速或滑行模式时调压阀关闭;C-发动机承受负荷时调压阀处于调节模式;1-大气压力;2-成型隔膜;3-压力弹簧;4-与大气压力相通;5-压力弹簧的弹簧力;6-进气系统的真空压力;7-曲轴箱内的有效真空压力;8-来自曲轴箱的泄漏气体

4)废气再循环控制系统

(1)废气再循环控制系统功能。NO_x是空气中的氮气与氧气在高温、高压条件下形成的。发动机排出的NO_x量主要与汽缸内的最高温度有关,汽缸内最高温度越高,排出的NO_x量越多。

废气再循环(Exhaust Gas Recirculation,EGR)控制系统的功能是将适量的废气重新引入汽缸参加燃烧,由于废气中含有大量的不能燃烧的惰性气体CO_2,能够吸收燃烧时的热量,从而可降低汽缸内的最高温度,减少NO_x的排放量。但是,采用废气再循环会使混合气着火性能及发动机输出功率下降,因此,应在发动机NO_x排放量多的运行工况范围进行适量的废气再循环。

过量的废气再循环会影响发动机的正常运行,特别是在怠速、低转速小负荷及发动机处于冷车运行时,再循环的废气将会使发动机的性能明显降低。EGR的控制量指标大多采用EGR率表示,其定义如下:

EGR 率 = EGR 气体流量/(吸入空气量 + EGR 气体流量) × 100%

为保证发动机正常工作和性能不受过多影响,必须根据发动机工况的变化,控制废气再循环量。进入进气歧管的废气量一般控制在 6%~15% 范围内。

目前采用 ECU 控制的 EGR 控制系统主要有开环控制 EGR 系统和闭环控制 EGR 系统两种类型。

(2) EGR 控制系统的组成和工作原理。EGR 控制系统组成如图 4-49 所示,主要由各种传感器、EGR 阀、EGR 阀开度传感器、EGR 电磁阀和 ECU 等组成。EGR 控制系统通过检测实际的 EGR 阀开度作为反馈控制信号,实现闭环控制,其控制精度更高。

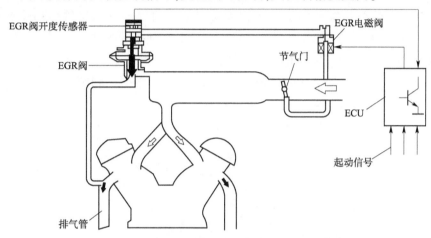

图 4-49　EGR 控制系统组成

EGR 阀安装在废气再循环通道中,用以控制废气再循环量。ECU 根据发动机冷却液温度、节气门开度、转速和起动等信号来控制 EGR 电磁阀的通电或断电。ECU 给 EGR 电磁阀通电时,EGR 阀开启,进行废气再循环;ECU 不给 EGR 电磁阀通电时,EGR 阀关闭,停止废气再循环。现在多数 EGR 控制系统的 EGR 电磁阀多采用占空比控制型电磁阀,ECU 通过占空比控制电磁阀的开度,调节作用在 EGR 阀上的真空度,控制 EGR 阀的开度,以实现对废气再循环量的控制。

当发动机处于起动工况(起动开关信号)、怠速工况(节气门位置传感器怠速触点闭合信号)、暖机工况(冷却液温度信号)、转速过低或过高(一般低于 900r/min 或高于 3200r/min)时,ECU 不给 EGR 电磁阀通电,停止废气再循环。在除上述以外的其他工况,ECU 均给电磁阀通电,都进行废气再循环。废气再循环量取决于 EGR 阀的开度,ECU 可根据 EGR 阀开度传感器的反馈信号修正 EGR 电磁阀的开度,使 EGR 率保持在最佳值。

(3) EGR 阀的结构。EGR 阀的结构如图 4-50

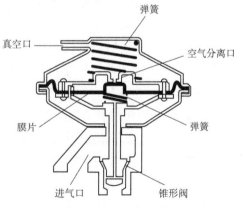

图 4-50　EGR 阀结构

所示。当发动机不工作时,EGR 阀关闭;当发动机低速运转时,ECU 断开作用于膜片上方的真空源,EGR 阀关闭;当发动机高速运转时,排气背压减小,ECU 接通作用于膜片上方的真空源,EGR 阀打开。

5)二次空气喷射系统

(1)二次空气喷射(Secondary Air Injection,SAI)系统的功能。二次空气喷射系统是在一定工况下,将新鲜空气送入排气管,促使废气中的 CO 和 HC 进一步氧化,从而降低 CO 和 HC 的排放量,同时加快三元催化转化器的升温。

二次空气喷射系统根据控制原理的不同,可分为空气喷射式和空气吸气式两种。

(2)二次空气喷射系统的组成和工作原理。空气喷射式二次空气喷射系统的组成如图 4-51 所示,它主要由二次空气电磁阀、空气泵、二次空气控制阀和 ECU 等组成。二次空气电磁阀控制二次空气控制阀的工作;空气泵为电动式,提供一定压力的空气;ECU 控制二次空气电磁阀工作,当 ECU 给二次空气电磁阀通电时,二次空气控制阀打开,空气泵将新鲜空气通过止回阀强制泵入排气管。

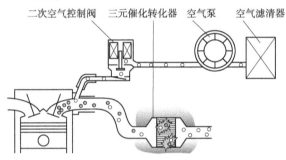

图 4-51 空气喷射式二次空气喷射系统的组成

在下列情况下 ECU 不给二次空气电磁阀通电:

①电控燃油喷射系统进入闭环控制;

②冷却液温度超过规定范围;

③发动机转速和负荷超过规定值;

④ECU 发现有故障。

4.1.4 润滑压力控制系统

传统润滑系统采用流量不可调节设计,这种系统机油泵的设计必须满足在所有可能情况下提供充足的机油体积流量和压力要求,这意味着泵有可能会在大部分运行时间内输送过多机油,从而消耗过多的发动机能量。

润滑压力控制系统采用流量可变式机油泵和特性曲线调节电磁阀,可根据需要供给机油并降低机油回路内的平均压力,这样可以减小机油泵的能量需求。

1)流量可变式机油泵

流量可变式机油泵可以根据润滑系统的需要改变体积流量,流量可变式机油泵采用叶片泵,流量调节功能主要由滑阀的移动来实现,其结构如图 4-52 所示。

项目四　辅助控制系统构造与检修

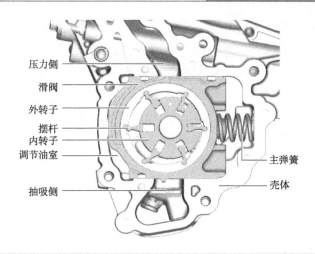

图 4-52　流量可变式机油泵的结构

流量可变式机油泵的核心部分是滑阀,滑阀可沿泵的轴线移动,其工作过程如图 4-53 所示。处于输送设置时,滑阀位于偏离泵轴线中心的位置,通过这种方式可使抽吸侧体积流量显著增加并使压力侧体积流量显著减小,这样可以提高泵功率。滑阀朝泵轴线方向移动时,体积流量变化减小直至几乎不再产生任何体积流量变化,泵功率也会随之减小,直至最后调节至最小输送功率。

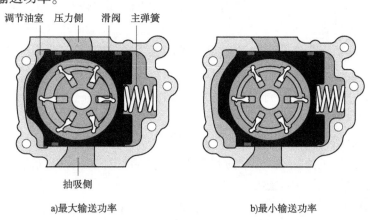

图 4-53　流量可变式机油泵的工作过程

滑阀的位置取决于调节油室内的机油压力,该压力可使滑阀克服弹簧力移动。如果该压力较小,滑阀就会偏离中心且输送功率较高。如果该压力较大,滑阀就会逐渐压向中心且输送功率降低,调节油室内的压力与主机油通道内的压力相同。通过这种方式可以实现纯液压/机械体积流量调节,在此过程中可调节足够的工作压力,该压力由机油泵内作用于滑阀的主弹簧硬度决定。

2) 特性曲线调节电磁阀

采用流量可变式机油泵时,机油系统内的调节压力取决于克服调节油室内压力的弹簧力。弹簧较软时,更容易通过较小压力使滑阀朝中心方向移动。弹簧较硬时则需要更大压力来降低泵的供给量。特性曲线调节方式是通过特性曲线调节电磁阀以无级方式减小在调节油室内产生影响的机油压力。减小的压力越多,机油泵输送的体积流量就越大。因此机油泵内作用于滑阀的主弹簧要比纯体积流量调节式系统所用弹簧更软,也就是说更容易使滑阀朝中心位置移动,从而在调节油室内压力较小的情况下,机油泵实现最小输送功率,这样可使润滑系统内的压力比较小,从而减少机油泵驱动能量,能够进一步减少发动机功率损耗。特性曲线调节电磁阀是二位三通电磁阀,能够控制机油泵调节油室内的主机油压力。特性曲线调节电磁阀的外形和控制原理如图4-54所示。

a)外形　　　　　　　b)控制原理

图4-54　特性曲线调节电磁阀的外形和控制原理

3)机油压力传感器

机油压力传感器用于探测主机油通道内的机油压力,用于润滑压力控制系统的闭环监控,发动机ECU通过压力传感器信号与目标压力对比,更加精确地控制特性曲线调节电磁阀,以达到目标压力控制。压力传感器多采用压电式或压敏电阻式。

4)机油状态传感器

有些发动机取消了机油尺,发动机机油位置由一个机油状态传感器测量并通过显示屏显示出来。通过测定机油状态,可准确判断出何时需要更换发动机机油,其结构如图4-55所示。

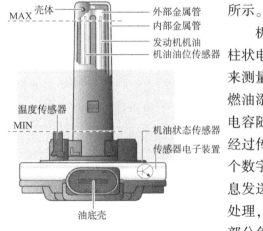

图4-55　机油状态传感器

机油状态传感器由两个上下叠加安装在一起的柱状电容器构成。机油状态通过底部较小的电容器来测量。发动机机油的电气特性随着损耗的加剧和燃油添加剂的分解而发生变化。机油状态传感器的电容随发动机机油电气特性的变化而变化。电容值经过传感器内集成的电子分析装置处理后转化为一个数字信号,该数字传感器信号作为发动机油状态信息发送至发动机ECU,发动机ECU对该实际值进行处理,以便计算出下次换油维护周期。传感器的中间部分负责测量发动机油位,该部分与油底壳内的油位高度处于同一位置。因此,电容器电容随油位降低而发生变化,该电容值经过传感器电子装置处理后转化为一个数字信号并发送至发动机 ECU,该传感器底座上装有一个白金温度传感器,用于测量发动机机油温度。

4.1.5 冷却强度控制系统

1)冷却强度控制系统的组成

传统冷却系统的温度控制主要是通过节温器和电动风扇来实现,虽然电动风扇可以实现转速调节来控制冷却气流,但是节温器的开启由发动机冷却液的温度决定,属机械控制部件。与传统冷却系统相比,冷却强度控制系统主要增加了特性曲线节温器和电动冷却液泵,其组成如图 4-56 所示。

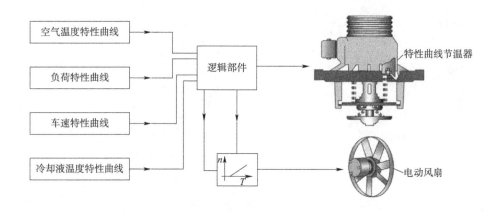

图 4-56 特性曲线节温器控制原理

2)冷却强度控制系统的工作原理

发动机 ECU 根据需要控制电动冷却液泵,当冷却需求较低且车外温度较低时,提供的功率较小;当冷却需求较高且车外温度较高时,提供的功率较大。冷却强度控制系统确定当前冷却需求并相应调节冷却系统的冷却强度。在某些情况下甚至可以控制电动冷却液泵停止运转(例如在暖机阶段让冷却液迅速加热时)。当发动机停止运转且温度较高或需要冷却废气涡轮增压器时,电动冷却液泵在发动机静止状态下仍可继续输送冷却液。除特性曲线节温器外,冷却强度控制系统还能根据不同特性曲线控制电动冷却液泵。因此冷却强度控制系统可以根据行驶情况调节冷却液温度。分为 4 种模式:109℃为经济模式、106℃为正常模式、95℃为高级模式、80℃为高功率和特性曲线节温器供电运行模式。

发动机 ECU 根据行驶情况识别到节省能量的"经济"运行范围时,冷却强度控制系统就会调节冷却液温度到较高温度 109℃,在这个温度范围内发动机以相对较低的燃油需求量运行。温度较高时发动机内部摩擦减小,温度升高还有助于降低负荷较低情况下的耗油量。处于"高功率和特性曲线节温器供电"运行模式时,驾驶人希望利用最佳发动机功率利用率,为此需将汽缸盖内的温度降至 80℃。温度降低可以提高容积效率从而提高发动机转矩。发动机 ECU 可根据相应行驶状况调节到特定运行范围,从而能够通过冷却系统影响耗油量和发动机功率。

3)特性曲线节温器

特性曲线节温器如图4-57所示,该特性曲线节温器就是在工作元件的膨胀材料内安装了一个电热式加热电阻。这样,膨胀材料就不再仅仅通过流经的冷却液来加热,而是可以通过其他方式加热并启用。

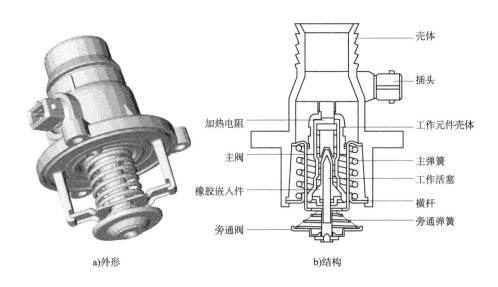

图4-57 特性曲线节温器

这种特性曲线节温器采用整体式结构设计,即节温器和节温器盖板为一个部件。冷却强度控制系统根据存储的特性曲线和实际行驶状况控制加热元件。该特性曲线由发动机负荷、发动机转速、车速、进气温度和冷却液温度决定。

特性曲线节温器可以在发动机部分负荷范围内设置为较高的冷却液温度。部分范围内的运行温度较高时,可达到更好的燃烧效果,从而降低耗油量和尾气排放量。发动机满负荷运行时,较高的运行温度会带来不利影响(例如因爆震趋势造成点火延迟)。因此,满负荷运行时将通过特性曲线节温器有效降低冷却液温度。

4)电动冷却液泵

电动冷却液泵可确保冷却液流量不受当前发动机转速的影响。电动冷却液泵必须满足运行安全性较高、结构体积较小、功率消耗较小(大约200W)、无泄漏、实现最小体积流量和能够承受较高的环境温度等要求,因此,多数车辆选择了带有EC电动机(电子整流)和集成式电子装置且根据湿转子原理工作的电动冷却液泵,如图4-58所示。

(1)电动冷却液泵叶轮。为了在效率较高的同时显著改善耐气蚀性,电动冷却液泵叶轮上采用了非常复杂的3D叶片结构。

(2)管道密封式电动机。根据使用寿命较长、结构体积较小、质量较轻且符合湿转子原理的要求,电动冷却液泵采用了"无电刷电动机"方案,因此选择了EC电动机。这种电动机工作原理可以通过使用功率密度较高的磁铁达到较高效率。由于没有端面密封及其产生的摩擦力矩,因此湿转子电动机可以在很低的转速下运行,由此得到的最小冷却液体积流量大约为28L/h。这样可以大大缩短冷起动后发动机的暖机阶段,从而降低耗油量和尾气排放量。

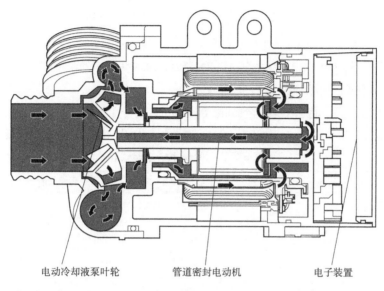

图 4-58 电动冷却液泵结构

(3)电子装置。电动冷却液泵通过一个集成在泵内的专用电子装置进行调节,调节电动冷却液泵转速时不使用传感器(即不进行监控)。电动冷却液泵的安装位置离发动机很近,因此也会承受相对较高的温度(最高至150℃),为了确保电动冷却液泵有较高的使用寿命和可靠性,其电子模块采用了耐高温技术,这种电子装置采用组合式结构,由一个带有高导电性铜导轨的供电部件和一个采用厚膜技术的控制部件组成。

(1)描述三元催化转化控制系统的工作原理。
(2)试分析排放控制系统失效故障的原因。

4.2 辅助控制系统的检修

4.2.1 进气控制系统的检修

4.2.1.1 可变配气正时控制系统检修

本部分以卡罗拉(1.6L)乘用车可变配气正时控制系统的检修为例进行说明。卡罗拉(1.6L)乘用车可变配气正时控制系统控制电路如图4-59所示。

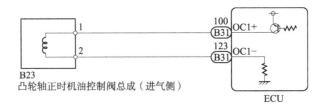

图4-59 卡罗拉(1.6L)乘用车可变配气正时控制系统控制电路

1)读取故障代码、数据流及执行元件测试

(1)读取故障代码。将解码器连接到诊断插口,将点火开关置于"ON"位置。开启解码器,选择菜单项 Powertrain/Engine and ECT/DTC,读取故障代码,并记录下来。故障代码见表4-2。

可变配气正时控制系统故障代码 　　　　　　　表4-2

故障代码	故障代码含义	故 障 部 位
P0010	凸轮轴位置"A"执行元件电路	1. 进气侧凸轮轴正时机油控制阀电路断路或短路; 2. 进气侧凸轮轴正时机油控制阀总成; 3. 发动机 ECU
P0011	凸轮轴位置"A"正时过于提前或系统性能	1. 进气侧凸轮轴正时机油控制阀总成; 2. 机油控制阀滤清器; 3. 凸轮轴正时齿轮总成; 4. 发动机 ECU; 5. 机械正时
P0012	凸轮轴位置"A"正时过于滞后	1. 进气侧凸轮轴正时机油控制阀总成; 2. 机油控制阀滤清器; 3. 凸轮轴正时齿轮总成; 4. 发动机 ECU; 5. 机械正时
P0013	凸轮轴位置"B"执行元件电路/断路	1. 排气侧凸轮轴正时机油控制阀电路或断路或短路; 2. 排气侧凸轮轴正时机油控制阀总成; 3. 发动机 ECU
P0014	凸轮轴位置"B"正时过于提前或系统性能	1. 排气侧凸轮轴正时机油控制阀总成; 2. 机油控制阀滤清器; 3. 排气凸轮轴正时齿轮总成; 4. 发动机 ECU; 5. 机械正时

续上表

故障代码	故障代码含义	故障部位
P0015	凸轮轴位置"B"正时过于滞后	1. 排气侧凸轮轴正时机油控制阀总成； 2. 机油控制阀滤清器； 3. 排气凸轮轴正时齿轮总成； 4. 发动机 ECU； 5. 机械正时
P0016	曲轴位置/凸轮轴位置相关性	1. 机械系统（正时链条跳齿或链条拉长）； 2. 凸轮轴正时机油控制阀； 3. 机油控制阀滤清器； 4. 凸轮轴正时齿轮总成； 5. 发动机 ECU

（2）读取数据流。使发动机暖机，通过解码器选择菜单项 Powertrain/Engine and ECT/Data List，读取数据流。数据流见表 4-3。

可变配气正时控制系统数据流　　　　　　　　　　　表 4-3

检查项目	标 准 值	检查条件
VVT 目标角度	最小:0%,最大:100%	发动机怠速
VVT 变化角度	最小:0°,最大:60°	发动机怠速
VVT 机油控制阀工作占空比	最小:0%,最大:100%	发动机怠速
VVT 保持占空比学习值	最小:0%,最大:100%	发动机怠速

（3）执行元件测试。通过解码器选择菜单项 Powertrain/Engine and ECT/Active Test，执行元件测试。当用解码器驱动电磁阀时，如果电磁阀和线路正常，应该能听到电磁阀工作时的"嗒嗒"声。如果不能听到电磁阀工作的声音，则进一步检查电磁阀和控制线路。

2）电磁阀的检查

（1）电阻检查。断开电磁阀插头，用万用表测量电磁阀的电阻值，如图 4-60 所示，标准阻值为 6.9～7.9Ω，如果阻值不在标准范围内，则更换电磁阀。

（2）控制信号波形检查。断开电磁阀或 ECU 插头，连接适配器和测量盒（如果没有适配器可用接线盒），再连接示波器，将红表笔接 2 号端子，黑表笔接蓄电池负极或车身搭铁处，设置好参数，起动发动机，观察并记录电磁阀控制信号波形，如图 4-61 所示。如果波形不正常，则说明控制线路有故障。

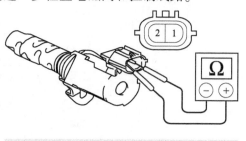

图 4-60　测量电磁阀电阻

（3）线路检查。根据控制电路图，检查电磁阀和 ECU 之间的线束，具体检查项目参见表 4-4。

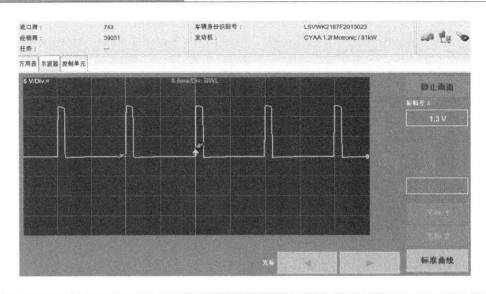

图 4-61 电磁阀控制信号波形

电磁阀线路检查表　　　　　　　　　　表 4-4

检测项目	标准值	检测条件
电磁阀端子 1 与 ECU 端子 100 之间电阻	小于 1Ω	始终
电磁阀端子 2 与 ECU 端子 123 之间电阻	小于 1Ω	始终
电磁阀端子 1 或 ECU 端子 100 与车身搭铁之间电阻	10kΩ 或更大	始终
电磁阀端子 2 或 ECU 端子 123 与车身搭铁之间电阻	10kΩ 或更大	始终

(4) 动作测试。将蓄电池正电压施加到端子 1，负电压施加到端子 2 上，如图 4-62 所示，检查阀的工作情况。如果电磁阀正常，电磁阀应该能够迅速移动。

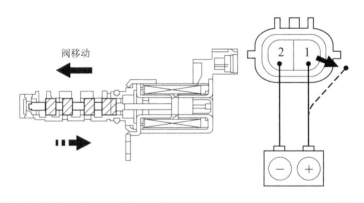

图 4-62 电磁阀动作测试

4.2.1.2　废气涡轮增压控制系统的检修

本部分以奥迪 A6 乘用车废气涡轮增压控制系统的检修为例进行说明。奥迪 A6 乘用车废气涡轮增压控制系统电路如图 4-63 所示。

项目四 辅助控制系统构造与检修

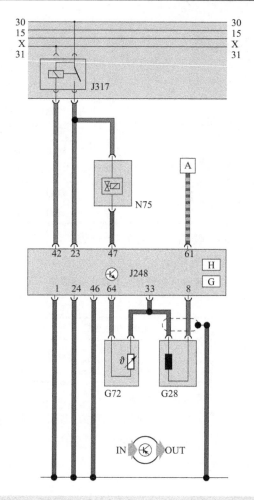

图 4-63 奥迪 A6 乘用车废气涡轮增压控制系统电路图

1) 读取故障代码、数据流及执行元件测试

(1) 读取故障代码。将解码器 VAS6150 连接到诊断插口,将点火开关置于"ON"位置。开启解码器,读取故障代码,并记录下来。故障代码见表 4-5。

废气涡轮增压控制系统故障代码表　　　　　　　　表 4-5

故障代码	故障代码含义	故障部位
P1546	增压压力调节电磁阀对正极短路	1. 增压压力调节电磁阀; 2. 增压压力调节电磁阀线路
1547	增压压力调节电磁阀对搭铁短路	1. 增压压力调节电磁阀; 2. 增压压力调节电磁阀线路
1548	增压压力调节电磁阀断路	1. 增压压力调节电磁阀; 2. 增压压力调节电磁阀线路
1550	增压压力控制偏差	1. 增压压力调节电磁阀; 2. 发动机 ECU

续上表

故障代码	故障代码含义	故障部位
1556	增压压力控制超过调整极限	1. 增压压力再循环电磁阀； 2. 发动机 ECU
P1287	增压压力再循环阀断路	1. 增压压力再循环电磁阀； 2. 增压压力再循环电磁阀线路
P1288	增压压力再循环阀对正极短路	1. 增压压力再循环电磁阀； 2. 增压压力再循环电磁阀线路
P1289	增压压力再循环阀对搭铁短路	1. 电磁阀； 2. 电磁阀线路

（2）读取数据流。使发动机暖机，通过解码器选择菜单项 Powertrain/Engine and ECT/Data List，读取数据流。数据流见表4-6。

废气涡轮增压控制系统数据流　　　　表4-6

检查项目	标准值	检查条件
增压压力传感器	0.05～0.2MPa	发动机怠速
增压压力调节电磁阀占空比	0～100%	发动机怠速
增压压力目标值	0.099～0.2MPa	发动机怠速

（3）执行元件测试。通过检测仪的执行元件测试功能对废气涡轮增压器增压压力再循环阀 N249 和增压压力调节电磁阀 N75 进行动作测试，当执行此功能时，应能听到电磁阀动作时的"咔嗒"声，即打开或关闭动作正常。如果听不到电磁阀工作的声音，说明电磁阀打开和关闭动作不正常，应检电磁阀及相关线路。

2）增压压力的检查

增压压力的检查方法如下：

（1）预热发动机。

（2）如图4-64所示，将三通连管与增压补偿器压力软管连接，装上废气涡轮增压器压力表。

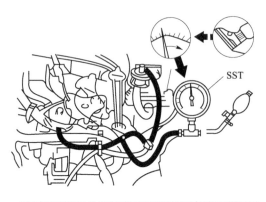

图4-64　涡轮增压压力的检查

（3）踩下离合器踏板，踩下加速踏板，使发动机转速升高至 2400r/min 以上，测量涡轮增压压力，标准压力应为 60～79kPa。如压力低于标准压力，检查进气和排气系统是否有泄漏；如果无泄漏，更换废气涡轮增压器总成；如压力高于标准压力，检查驱动气室软管是否脱开破裂，如果无脱开或破裂，更换废气涡轮增压器总成。

（4）脱开驱动气室软管。

（5）如图4-65所示，在驱动气室上施加约 79kPa 压力，检查废气旁通阀连杆是否移动，如连杆不移动,应更换废气涡轮增压器总成。

注意:施加在驱动气室上的压力不要超过94kPa。

3) 机械式增压空气再循环阀的检查

(1) 如图4-66所示,将专用工具V.A.G1390接到增压空气再循环阀上。

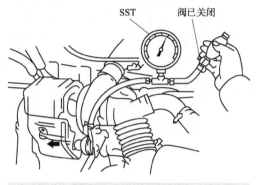

图4-65 驱动气室的检查

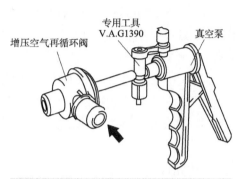

图4-66 增压空气再循环阀的检查

(2) 操纵V.A.G1390,增压空气再循环阀应打开。

(3) 30s后,操纵真空泵通风阀,增压空气再循环阀应关闭。

若增压空气再循环阀没有按照上述步骤出现打开或关闭动作,应更换增压空气再循环阀。

4) 增压压力再循环阀和增压压力调节电磁阀的检查

(1) 电阻检查。拔下增压空气再循环阀N249和增压压力限制电磁阀N75的线束插接器,用万用表电阻挡测量增压空气再循环阀N249和增压压力限制电磁阀N75。增压空气再循环阀N249电阻值应在27~30Ω之间,增压压力限制电磁阀检N75的电阻值应在25~35Ω之间,在如果未达到规定值,更换增压空气再循环阀或增压压力限制电磁阀。

(2) 动作情况检查。向增压空气再循环阀N249和增压压力限制电磁阀N75接线端子施加蓄电池电压,应能听到电磁阀动作的"咔嗒"声,否则,应更换电磁阀。

5) 增压压力传感器线路的检查

(1) 检查增压压力传感器G31供电电压。拔下增压压力传感器线束插接器,用万用表电压挡测量插接器1端子和3端子之间的电压,在点火开关接通时,其电压值应约为5V。如果未达到规定值,说明其供电线路有故障。

(2) 检查增压压力传感器信号电压。插上传感器G31的插头,起动发动机,检查增压压力传感器4端子对搭铁的电压。急速运转,正常值约为1.90V;急加速时,其电压值应在2.0~3.0V之间。如果未达到规定值,则说明传感器或其信号线路有故障。

6) 废气涡轮增压器的检查

(1) 目视检查。检查空气滤清器与废气涡轮增压器之间、废气涡轮增压器与汽缸盖之间、废气涡轮增压器与排气管之间是否有泄漏或堵塞。

(2) 转动检查。脱开空气滤清器软管,用手转动压缩机叶轮,转动应平顺、灵活,不应有卡滞现象。

4.2.2 怠速控制系统的检修

1) 节气门直动式怠速控制系统执行元件的检修

节气门直动式怠速控制系统执行元件的控制电路如图 4-30 所示,可按如下方法和步骤进行检修:

(1) 就车检查。将点火开关由"OFF"转到"ON"的瞬间,怠速控制系统执行元件会进行自检,在怠速控制系统执行元件附近应能听到电动机工作的声音,否则说明怠速控制系统执行元件、控制线路或 ECU 存在故障。

(2) 基本设定。用专用检测仪对怠速控制系统执行元件进行基本设定,根据检测仪的屏幕提示"发动机电控系统→故障诊断→基本调整→通道号 060"操作检测仪,如果能够完成基本设定,则说明怠速控制系统执行元件正常,否则应检查控制线路、ECU 或怠速稳定控制器。

(3) 线路检查。

① 供电和搭铁线路检查。拔下怠速稳定控制器插接器,点火开关置于"ON"位置,测量线束插接器 4 端子对搭铁电压,应为 4.5~5.5V;测量线束插接器 3 端子对搭铁电压,应为蓄电池电压,测量线束插接器 7 端子对搭铁电阻,应小于 1Ω。如果测量结果与上述不符,则说明控制线路或 ECU 存在故障。

② 线路短路和断路检查。节气门体与 ECU 之间的线路短路和断路的检查见表 4-7。

节气门直动式怠速控制系统执行元件线路检查表 表 4-7

测量端子	标准值	测量条件
端子 1 与端子 66	小于 1Ω	断电、断开两端插接器
端子 2 与端子 59	小于 1Ω	断电、断开两端插接器
端子 3 与端子 69	小于 1Ω	断电、断开两端插接器
端子 4 与端子 62	小于 1Ω	断电、断开两端插接器
端子 5 与端子 65	小于 1Ω	断电、断开两端插接器
端子 7 与端子 67	小于 1Ω	断电、断开两端插接器
端子 8 与端子 74	小于 1Ω	断电、断开两端插接器
端子 1 与端子 2、3、5、7、8	∞	断电、断开两端插接器
端子 2 与端子 3、5、7、8	∞	断电、断开两端插接器
端子 3 与端子 5、7、8	∞	断电、断开两端插接器
端子 5 与端子 7、8	∞	断电、断开两端插接器
端子 7 与端子 8	∞	断电、断开两端插接器

(4) 怠速稳定控制器的检查。拔下怠速稳定控制器插接器,测量怠速稳定控制器 1 端子与 2 端子间的电阻,应为 5Ω;测量怠速稳定控制器 4 端子与端子 5 之间的电阻,在节气门开度变化时,阻值连续变化;测量怠速稳定控制器 3 端子与 7 端子之间的电阻,在节气门打开和关闭情况下,应通断变化;将 1 端子与 2 端子分别与蓄电池正极和负极连接,电动机应转动。如果检查结果与上述不相符,则更换怠速稳定控制器。

2)步进电动机式怠速控制阀的检修

步进电动机式怠速控制阀电路如图4-36所示,可按如下方法和步骤进行检修:

(1)就车检查。起动发动机后再熄火2~3s内,在怠速控制阀附近应能听到内部发出的"嗡嗡"响声,否则说明怠速控制阀、控制线路或ECU存在故障。

(2)线路检查。拆下怠速控制阀线束插接器,点火开关置于"ON"位置,不起动发动机,分别检测B1和B2与搭铁间的电压,均应为蓄电池电压,否则说明怠速控制阀电源线路存在故障。

(3)电阻检查。拆下怠速控制阀线束插接器,测量B1与S1和S3、B2与S2和S4之间的电阻,均应为10~30Ω,否则更换怠速控制阀。

(4)动作测试。拆下怠速控制阀,将蓄电池正极接至B1和B2端子,负极按顺序依次接通S1—S2—S3—S4端子时,随步进电动机的旋转,怠速控制阀应向外伸出,若负极按反方向接通S4—S3—S2—S1端子,则怠速控制阀应向内缩回,如图4-67所示。

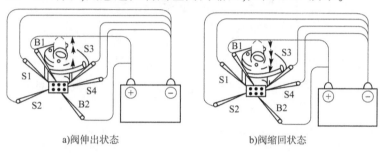

a)阀伸出状态　　　　　　b)阀缩回状态

图4-67　检查步进电动机式怠速控制阀

(5)解码器检测。步进电动机显示的步级数应在0~125之间,怠速控制阀全部伸出时步级数为0,旁通空气道全关闭;怠速控制阀全部缩回时步级数为125,旁通空气道全部开启;冷车时步级数为55;热车时步级数为52;空调开关(A/C)开关接通时步级数为63。

3)电磁阀式怠速控制阀的检修

电磁阀式怠速控制阀可按下述方法和步骤对其进行检修。

(1)就车检查。起动发动机,使发动机怠速运转,拔下怠速控制阀的线束插接器,观察发动机转数是否发生变化。若发动机转数发生变化,则说明怠速控制阀工作性能良好,否则检查怠速控制阀、控制线路和ECU。

(2)线路检查。拆下怠速控制阀的线束插接器,将点火开关置于"ON"位置,不起动发动机,分别检测电源端子与搭铁间的电压,应为蓄电池电压,否则说明怠速控制阀电源电路有故障。

(3)电阻检查。拆下怠速控制阀上的两端子线束插接器,在怠速控制阀侧测量两端子之间电阻,滑阀电磁阀式怠速控制阀正常应为10~15Ω,旋转电磁阀式怠速控制阀的电阻应为18.8~22.8Ω,否则应更换怠速控制阀。

(4)动作测试。拆下怠速控制阀,用导线将怠速控制阀的两个端子分别与蓄电池的正极和负极相连时,应能听到电磁阀工作的"咔嗒"声,否则,更换怠速控制阀。

4.2.3 排放控制系统的检修

4.2.3.1 燃油蒸气控制系统的检修

本部分以卡罗拉(1.6L)乘用车燃油蒸气控制系统的检修为例进行说明。卡罗拉(1.6L)乘用车燃油蒸气控制系统主要部件安装位置如图4-68所示,系统工作原理图如图4-69所示。

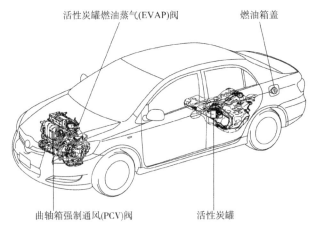

图4-68 卡罗拉(1.6L)乘用车燃油蒸气控制系统主要部件安装位置

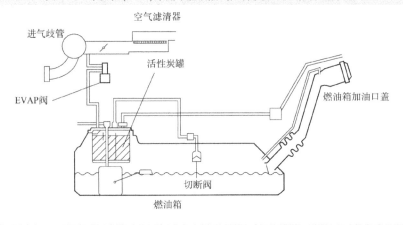

图4-69 卡罗拉(1.6L)乘用车燃油蒸气控制系统工作原理图

1)车上检查

(1)检查燃油切断或重新起动时的转速。

①将发动机的转速至少增加到2500r/min。

②用听诊器检查喷油器的工作声音。

③检查并确认当节气门拉杆松开时,喷油器工作声音立即停止(2500r/min时),随后恢复(1200r/min时)。喷油器切断时转速应为2500r/min;喷油器重新起动时转速应为1200r/min。

(2)检查燃油蒸气控制系统。

①起动发动机。如图4-70所示,断开真空软管。

项目四 辅助控制系统构造与检修

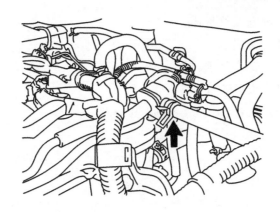

图 4-70 检查燃油蒸气控制系统

②将智能检测仪连接到 DLC3。
③选择以下菜单:Powertrain/Active Test/Activate the VSV for EVAP Control。
④检查在 EVAP 阀端口出现的真空。
⑤退出主动测试模式,然后重新连接真空软管。
如果测试结果不符合规定,则更换 EVAP 阀中的电磁阀、线束或 ECU。
2)活性炭罐的检修
活性炭罐组件分解图如图 4-71 所示。

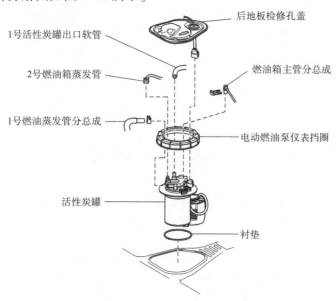

图 4-71 活性炭罐组件分解图

(1)活性炭罐的拆卸。
①拆卸后排座椅坐垫总成。
②拆卸后地板检修孔盖。
③燃油系统卸压。

173

④将电缆从蓄电池负极端子断开。

⑤拆卸燃油箱主管分总成。

⑥拆卸1号燃油蒸发管分总成。

⑦断开1号活性炭罐出口软管。

⑧断开2号燃油箱蒸发管。

⑨拆卸燃油泵仪表挡圈。

⑩拆卸活性炭罐。

a.将活性炭罐从燃油箱上拆下。

注意：确保燃油表传感器臂没有弯曲。

b.如图4-72所示，将衬垫从燃油箱上拆下。

（2）活性炭罐的检查。

①检查活性炭罐的通风。如图4-73所示，关闭端口B，向端口A施加压缩空气，检查并确认空气从端口流出。

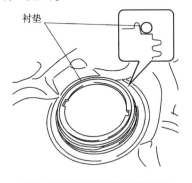

图4-72 活性炭罐的拆卸

图4-73 活性炭罐的检查（一）

②检查止回阀。

a.如图4-74所示，关闭端口C，向端口A施加压缩空气，检查并确认空气从端口B流出。

b.如图4-75所示，关闭端口C。用手持式真空泵向端口A施加真空，首先保持真空；逐渐增加真空，当真空达到规定值后空气开始流动且真空度下降。

图4-74 活性炭罐的检查（二）

图4-75 活性炭罐的检查（三）

（3）活性炭罐的安装。

①检查燃油泵仪表挡圈的配合。

②安装活性炭罐。

a. 将新衬垫安装到燃油箱上。

b. 将活性炭罐放置到燃油箱上。

注意：确保燃油表传感器臂没有弯曲。

c. 如图 4-76 所示，将活性炭罐凸出部分对准燃油箱槽口。

d. 如图 4-77 所示，固定活性炭罐以防止其倾斜时，对准燃油泵仪表挡圈和燃油箱上的起始标记，并手动将燃油泵仪表挡圈拧转 180°。

注意：检查并确认燃油箱上的螺纹没有损坏、凹痕、异物或其他缺陷；提供的燃油泵仪表挡圈的直径大于工厂安装的挡圈，预期燃油箱将不断膨胀扩大。如果工厂安装的挡圈直径太小以至于不能重新安装，则用提供的燃油泵仪表挡圈。

e. 如图 4-78 所示，用 6mm 六角套筒扳手，将 SST 09808-14020（09808-01410，09808-01420，09808-01430）安装到燃油泵仪表挡圈上。

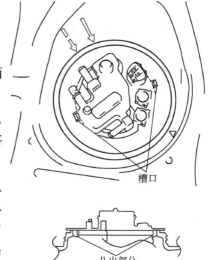

图 4-76 活性炭罐的安装（一）

注意：不要使用其他任何工具，例如螺丝刀。将 SST 槽口插入燃油泵仪表挡圈肋片；安装 SST 时，要固定活性炭罐以防衬垫从活性炭罐上脱落。

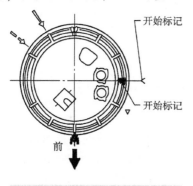

图 4-77 活性炭罐的安装（二）

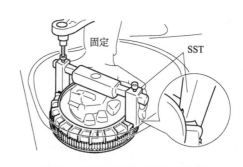

图 4-78 活性炭罐的安装（三）

f. 从燃油箱上的开始标记紧固燃油泵仪表挡圈约 450°，使挡圈上的开始标记落在如图 4-79 所示的范围内。

注意：不要使用其他任何工具，例如螺丝刀；将 SST 槽口插入燃油泵仪表挡圈肋片。

③连接 2 号燃油箱蒸发管。

④连接 1 号活性炭罐出口软管。

⑤连接 1 号燃油蒸发管分总成。

⑥连接燃油箱主管分总成。
⑦将电缆连接到蓄电池负极端子。
⑧检查燃油是否泄漏。
⑨安装后地板检修孔盖。
⑩安装后排座椅坐垫总成。

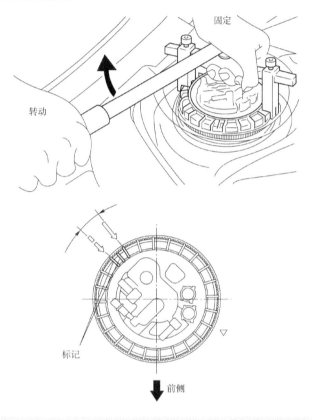

图4-79 活性炭罐的安装(四)

3) EVAP 电磁阀的检修

为了减少碳氢化合物排放,从燃油箱蒸发的燃油经过活性炭罐进入进气歧管,然后在汽缸内燃烧。发动机暖机后,ECU 改变向 EVAP 阀发送的占空比信号,以使碳氢化合物排放的进气量与行驶状态(发动机负载、发动机转速、车速等)相适应。

EVAP 阀中的电磁阀(也称 EVAP 电磁阀)为占空比控制型真空开关阀,其安装位置如图4-80所示,控制电路如图4-81所示。

(1) EVAP 电磁阀的拆卸。

①拆卸2号汽缸盖罩。

②拆卸 EVAP 电磁阀。

a. 如图4-82所示,断开 EVAP 电磁阀插接器、2个真空软管和线束卡夹。

b. 如图4-83所示,拆下2个螺钉和 EVAP 电磁阀。

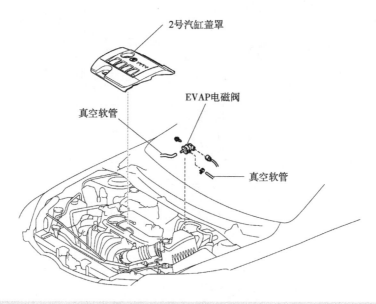

图 4-80　EVAP 电磁阀安装位置

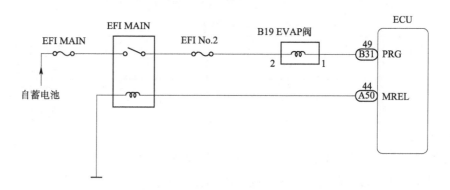

图 4-81　EVAP 电磁阀控制电路

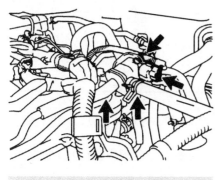

图 4-82　EVAP 电磁阀的拆卸（一）

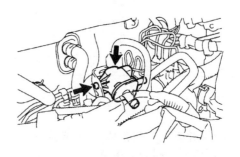

图 4-83　EVAP 电磁阀的拆卸（二）

（2）EVAP 电磁阀的检查。

①如图 4-84 所示，根据表 4-8 中所示要求测量 EVAP 电磁阀电阻值。

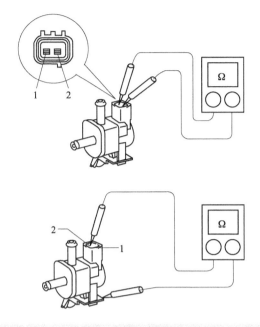

图 4-84 检查 EVAP 电磁阀

标准电阻　　　　　　　　　　　　　　　　　　　　表 4-8

检测仪连接	条　件	规定状态
1-2	20℃	23～26Ω
1-车身搭铁	始终	10MΩ 或更大
2-车身搭铁	始终	10MΩ 或更大

②检查 EVAP 阀的工作情况。

a. 如图 4-85 所示,检查并确认空气没有从端口 E 流向端口 F。

b. 如图 4-86 所示,在端子 1 和 2 上施加蓄电池电压。

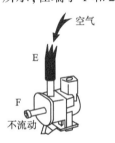 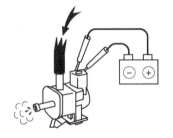

图 4-85　检查 EVAP 阀的工作情况(一)　　　图 4-86　检查 EVAP 阀的工作情况(二)

c. 检查并确认空气从端口 E 流到端口 F。如果结果不符合规定,则更换 EVAP 阀。

(3)EVAP 电磁阀的安装。

①安装 EVAP 电磁阀。

a. 用 2 个螺钉安装 EVAP 电磁阀(图 4-83)。

b. 连接 EVAP 电磁阀插接器、2 个真空软管和线束卡夹(图 4-82)。

②安装2号汽缸盖罩。

4.2.3.2 三元催化转换控制系统的检修

本部分以卡罗拉(1.6L)乘用车三元催化转换控制系统的检修为例进行说明。

1) 空燃比传感器

卡罗拉(1.6L)乘用车空燃比传感器的安装位置如图4-87所示。空燃比传感器也称为前氧传感器、宽氧传感器,它位于三元催化转换器的前面,作用是向ECU发送催化处理之前的信息。

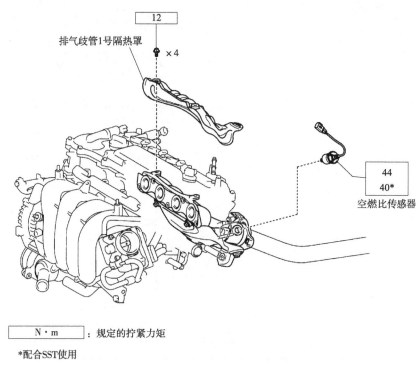

图4-87 空燃比传感器安装位置

(1) 空燃比传感器的拆卸。

①拆卸2号汽缸盖罩。

②拆卸前刮水器臂端盖。

③拆卸左前刮水器臂和刮水片总成。

④拆卸右前刮水器臂和刮水片总成。

⑤拆卸发动机罩盖至前围上密封。

⑥拆卸右前围板上通风栅板。

⑦拆卸左前围板上通风栅板。

⑧拆卸风窗玻璃刮水器电动机及连杆总成。

⑨拆卸前围上外板。

⑩拆卸排气歧管1号隔热罩。

⑪拆卸空燃比传感器。

a. 如图4-88所示,断开空燃比传感器插接器。

b. 如图4-89所示,用SST 09224-00010将空燃比传感器从排气歧管上拆下。

注意:不要损坏空燃比传感器。

图4-88 空燃比传感器的拆卸(一)

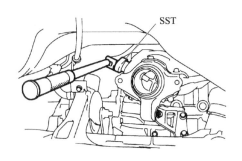

图4-89 空燃比传感器的拆卸(二)

(2)空燃比传感器的检查。断开空燃比传感器插头,如图4-90所示,根据表4-9所示要求,用万用表测量空燃比传感器端子间的电阻值。如果测量的结果不符合规定,则需更换空燃比传感器。

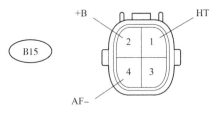

图4-90 空燃比传感器的检查

标 准 电 阻　　　　　　　　　　　　　　　　表4-9

检测仪连接	条　件	规定状态
1(HT)-2(+B)	20℃	1.8~3.4Ω
1(HT)-4(AF-)	—	10kΩ或更大

(3)空燃比传感器的安装。

①安装空燃比传感器。

a. 如图4-91所示,用SST 09224-00010将空燃比传感器安装至排气歧管。不使用SST时的拧紧力矩为44N·m;使用SST时的拧紧力矩为40N·m。

注意:使用力臂长度为300mm的扭力扳手;不要损坏空燃比传感器。

b. 连接空燃比传感器插接器(图4-88)。

②安装排气歧管1号隔热罩。

③安装前围上外板。

④安装风窗玻璃刮水器电动机及连杆总成。

⑤安装左前围板上通风栅板。

⑥安装右前围板上通风栅板。
⑦安装发动机盖至前围上板密封。
⑧安装右前刮水器臂和刮水片总成。
⑨安装左前刮水器臂和刮水片总成。
⑩安装前刮水器臂端盖。
⑪安装2号汽缸盖罩。

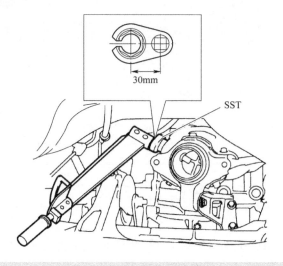

图4-91 空燃比传感器的安装

2)氧传感器

卡罗拉(1.6L)乘用车氧传感器为加热型氧传感器,氧传感器安装位置如图4-92所示。氧传感器位于三元催化转换器的后面,其作用是向ECU发送催化处理之后的信息。

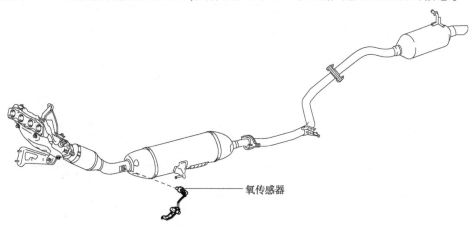

图4-92 氧传感器安装位置

(1)氧传感器的拆卸。
①断开氧传感器插接器。
②如图4-93所示,用SST 09224-00010从排气管总成上拆下氧传感器。

注意：不要损坏氧传感器。

（2）氧传感器的检查。断开氧传感器插头，如图4-94所示，根据表4-10所示要求，用万用表测量氧传感器两端子之间的电阻值。如果测量的结果不符合规定，则需更换氧传感器。

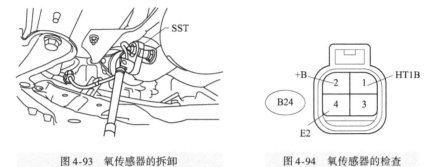

图4-93 氧传感器的拆卸　　　　　图4-94 氧传感器的检查

标准电阻　　　　　　　　　　　　　　　　表4-10

检测仪连接	条　件	规定状态
1(HT1B)-2(+B)	20℃	11～16Ω
1(HT1B)-4(E2)	—	10kΩ或更大

（3）氧传感器的安装。

①如图4-95所示，用SST 09224-00010将氧传感器安装到前排气管总成上，不用SST时的拧紧力矩为44N·m；使用SST时的拧紧力矩为40N·m。

注意：使用力臂长度为300mm的扭力扳手；不要损坏加热型氧传感器。

②连接氧传感器插接器。

4.2.3.3　曲轴箱强制通风系统的检修

本部分以卡罗拉（1.6L）乘用车曲轴箱强制通风（PCV）阀的检修为例进行说明。曲轴箱强制通风（PCV）阀安装位置如图4-96所示。

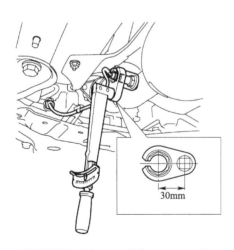

图4-95 氧传感器的安装

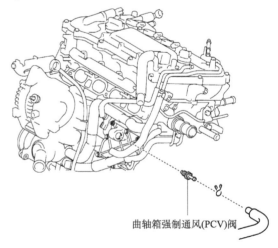

图4-96 曲轴箱强制通风（PCV）阀安装位置

1) PCV 阀的拆卸

(1) 拆卸进气歧管。

(2) 拆卸 PCV 阀。如图 4-97 所示,用球节锁紧螺母扳手(22mm),拆下 PCV 阀。

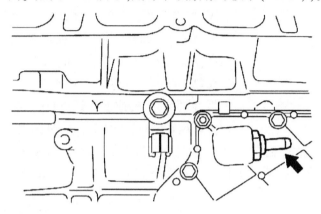

图 4-97　PCV 阀的拆卸

2) PCV 阀的检查

(1) 将洁净软管安装到 PCV 阀上。

(2) 检查 PCV 阀的工作情况。

①如图 4-98 所示,向汽缸盖侧吹空气,检查并确认空气畅通。

注意:不要通过 PCV 阀吸入空气,PCV 阀内的汽油物质对人的健康有害。

②如图 4-99 所示,向进气歧管侧吹入空气,检查并确认空气流通困难。如果检查结果不符合规定,则更换 PCV 阀。

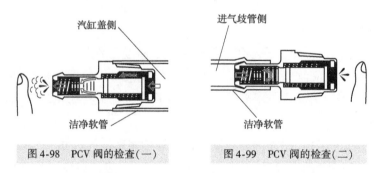

图 4-98　PCV 阀的检查(一)　　图 4-99　PCV 阀的检查(二)

(3) PCV 阀上拆下洁净软管。

3) PCV 阀的安装

(1) 安装 PCV 阀。

①如图 4-100 所示,在 PCV 阀的 2 或 3 个螺纹上涂抹黏合剂。

②用球节锁紧螺母扳手(22mm),安装 PCV 阀(图 4-97),不用球节锁紧螺母扳手(22mm)时的拧紧力矩为 19N·m,用球节锁紧螺母扳手(22mm)时的拧紧力矩为 10N·m。

(2) 安装进气歧管。

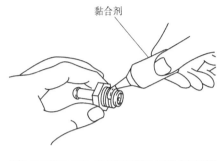

图 4-100　PCV 阀的安装

4.2.3.4　废气再循环(EGR)控制系统的检修

1)工作情况检查

发动机起动后,让其怠速运转,将手指伸入 EGR 阀,按在膜片上,检查 EGR 阀有无动作。在冷车状态下,踩加速踏板,使发动机转速上升到 2000r/min 左右,此时阀应不开启,手指上应感觉不到膜片的动作。在热车状态(冷却液温度高于 50℃)下,踩下加速踏板,使发动机转速上升到 1000r/min 左右,此时 EGR 阀应开启,手指应可感觉到膜片的动作,若此时拔下 EGR 阀上的真空软管,发动机转速应明显提高,否则,说明 EGR 控制系统工作不正常,应进一步检查 EGR 控制系统各部件。

2)EGR 电磁阀的检查

用万用表测量 EGR 电磁阀电阻,应为 33～39Ω。如图 4-101 所示,EGR 电磁阀不通电时,从进气管侧吹入空气应畅通,从滤网处吹应不通;接上蓄电池电压时,应相反。

用手动真空泵给 EGR 阀膜片上方施加约 15kPa 的真空度,EGR 阀应能开启,不施加真空度,EGR 阀应能完全关闭,否则应更换 EGR 阀。

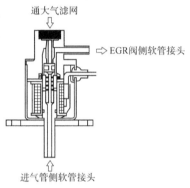

图 4-101　EGR 电磁阀的检查

小组工作

(1)每 8 名学生组成 1 个工作小组,确定小组长,接受工作任务,做好工作准备。

(2)阅读工作单,查阅维修手册(或实训指导书)观察待拆装发动机辅助控制系统,讨论拆卸方法和步骤,确定小组人员工作分工。向实训指导教师汇报讨论结果,经指导教师同意后,开始下一步的工作。

(3)按照工作单的引导,完成待拆装发动机辅助控制系统的拆卸、分解和检查工作。

(4)在完成工作任务的过程中,根据工作单的要求,完成认识发动机辅助控制系统零部件、描述其作用和工作原理等学习任务。

(5)完成工作单要求的发动机辅助控制系统主要零部件的检测,将检测结果记录在工作单的相应栏目,并对检测结果作出分析。

(6)回答指导教师的现场提问,接受指导教师的技能考核。

(7)完成工作任务后,对工作过程进行自我评价和小组互评,听取指导教师的点评。

(8)清洁工作场所,清点维护工具设备,完成任务交接。回答指导教师的现场提问,接受指导教师的技能考核。

思考题

(1) 简述可变配气正时控制系统基本组成和工作原理。
(2) 简述进气增压控制系统基本组成和工作原理。
(3) 简述怠速控制系统基本组成和工作原理。
(4) 简述燃油蒸气控制系统基本组成和工作原理。
(5) 简述三元催化转换控制系统基本组成和工作原理。
(6) 简述废气再循环控制系统基本组成和工作原理。
(7) 简述二次空气喷射系统基本组成和工作原理。
(8) 简述曲轴箱强制通风系统基本组成和工作原理。
(9) 简述润滑压力控制系统基本组成和工作原理。
(10) 简述冷却强度控制系统基本组成和工作原理。
(11) 简述进气控制系统的检修方法。
(12) 简述怠速控制系统的检修方法。
(13) 简述排放控制系统的检修方法。

项目五 发动机电控系统故障诊断与检修

学习情境

初入职的修理工在机电维修组工作一段时间后,基本的维修工作已经能够胜任,但对发动机电控系统故障诊断方法和检修方法还有所欠缺,常常对发动机电控系统故障无从下手,车间主任决定对修理工进行技术培训,培训的内容为故障自诊断系统和随车诊断系统、发动机电控系统故障诊断方法和发动机电控系统故障检修方法。

相关知识

5.1 故障自诊断系统和随车诊断系统

5.1.1 故障自诊断系统

1)故障自诊断系统的组成

故障自诊断系统主要由 ECU 中的部分软件和故障指示灯等组成,不需要专门的传感器。发动机电控系统工作时,故障自诊断系统对发动机电控系统各种输入信号、输出信号进行监测,并运用程序进行推理、判断,将结果迅速反馈到主控系统,改变控制状态;若故障自诊断系统检测到故障时,仪表板上的故障指示灯"CHECK ENGINE"点亮,以警告驾驶人。在车辆使用中,点火开关接通、发动机没有起动或起动后,故障指示灯(图5-1)应点亮 3~5s,然后应熄灭。

图 5-1 仪表板的故障指示灯 "CHECK ENGINE"

2)故障自诊断系统的功能

(1)发动机工作过程中,当故障自诊断系统检测到故障时,则接通故障指示灯控制电路,点亮故障指示灯,发出报警信号,并将诊断结果以故障代码的形式进行存储。

(2)通过诊断仪能准确读取故障代码,以便维修人员迅速、准确地判定故障的性质和部位;故障排除后,还能将存储的故障代码清除掉。

(3)当某传感器或执行元件发生故障时,ECU将无法得到准确信号而不能输出控制指令时,会自动启动保护系统,按预先设定的参数取代故障传感器或执行元件工作,以保证发动机能继续运转,或强制中断燃油喷射使发动机停止运转。

(4)在发动机工作过程中,若某些重要传感器或ECU内部的微处理器发生故障,导致车辆无法继续行驶时,故障自诊断系统会自动启动ECU内部备用IC电路系统,以保证汽车能继续行驶,以便把汽车行驶到最近的维修站,所以此系统又称回家系统。

3)故障自诊断系统的内容

发动机电控系统工作时,故障自诊断系统随时监测各个传感器、执行元件的工作情况,一旦监测系统发现某个传感器输入信号或执行元件反馈信号异常时,故障自诊断系立即采取相应措施,以保证发动机继续工作或停止工作。

(1)传感器自诊断。当传感器或其电路接触不良、断路或短路时,会导致故障信号的产生。当故障自诊断系统监测某传感器输入ECU的信号超出正常范围,或在规定时间内ECU收不到该传感器信号,或传感器输入ECU的信号在一定时间内不发生变化,均判定为"故障信号"。若故障信号持续出现超过一定时间或多次出现,故障自诊断系统即判定有故障,并将此故障以故障代码的形式输入ECU的存储器中,同时点亮故障指示灯警告驾驶人。

①冷却液温度信号。当冷却液温度传感器或其电路发生故障时,ECU可能会收到低于0.3V或高于4.7V的信号,此时故障自诊系统就会判定为故障信号,并按冷却液温度80℃的状态控制发动机。同时故障自诊断系统点亮故障指示灯,并将该故障信息以故障代码的形式存储起来。

②进气温度传感器信号。当进气温度传感器或其电路发生故障时,ECU可能会收到超过正常范围的温度信号,此时故障自诊断系统就会判定为故障信号,并按进气温度为20℃状态控制发动机。同时故障自诊断系统点亮故障指示灯,并将该故障信息以故障代码的形式存储起来。

③节气门位置传感器信号。当节气门位置传感器或其电路出现故障时,ECU若始终收到节气门处于全开或全关状态信号,此时无法按实际的节气门位置对发动机进行控制,故障自诊断系统就会判定为故障信号,并按节气门开度为0°或25°状态控制喷油。同时故障自诊断系统点亮故障指示灯,并将该故障信息以故障代码的形式存储起来。

④爆震传感器信号。爆震传感器或其电路发生故障时,ECU无法对点火提前角进行闭环控制,此时故障自诊断系统就会判定为故障信号,并将点火提前角固定在一个适当值。同时故障自诊断系统点亮故障指示灯,并将该故障信息以故障代码的形式存储起来。

⑤氧传感器信号。氧传感器或其电路发生故障时,ECU不能收到氧传感器电压信号或

收到一个电压不变的信号时,故障自诊断系统就会判定为故障信号,则 ECU 取消喷油器的闭环控制方式,并以开环控制方式控制喷油。

⑥曲轴/凸轮轴位置传感器信号。当 ECU 同时不能收到曲轴位置传感器和凸轮轴位置传感器信号,会使发动机无法起动。如果发动机处于行驶状态,会使发动机立即熄火且无法再次起动。如果单个传感器有故障,发动机会参考正常传感器的信号对发动机进行控制,故障自诊断系统将故障信息以故障代码的形式存储起来,同时点亮故障指示灯。

⑦空气流量传感器信号。空气流量传感器或其电路发生故障时,ECU 不能收到空气流量传感器信号或收到一个电压不变的信号,故障自诊断系统就会判定为故障信号。此时,根据起动信号和节气门位置传感器信号对发动机进行控制。当起动开关断开、怠速触点闭合时,则以怠速喷油量喷油;当起动开关断开、节气门开度较小时,则以小负荷喷油量喷油;当起动开关断开、节气门接近全开时,则以大负荷喷油量喷油。同时将该故障信息以故障代码的形式存储起来。

⑧进气管绝对压力传感器信号。对于 D 型电控燃油喷射系统,当进气管绝对压力传感器或其电路发生故障时,ECU 不能收到进气管绝对压力传感器信号或收到一个电压不变的信号,将引起发动机失速或不能起动,故障自诊断系统就会判定为故障信号。此时 ECU 按设定的固定值控制喷油量来起动发动机或维持发动机运转,并将该故障信息以故障代码的形式存储起来。

(2)执行元件自诊断。执行元件由 ECU 输出指令信号控制工作,当执行元件电路接触不良、断路或短路时,也会导致故障信号的产生。在没有反馈信号的系统中,执行元件或其电路是否有故障,故障自诊断系统只能根据 ECU 输出的指令信号来判断;在有反馈信号的系统中,执行元件或其电路是否有故障,故障自诊断系统根据反馈信号来判断。当故障自诊断系统判定有故障时,将此故障以故障代码的形式输入 ECU 的存储器中,同时点亮指示灯警告驾驶人。

①点火确认信号。当 ECU 连续发出 3～5 个点火脉冲信号后,而接收不到点火反馈信号时,此时故障自诊断系统就会判定电控点火系统有故障,为避免燃油浪费和造成排放污染,会立即发出控制指令停止喷油器喷油。

②喷油器电路确认信号。喷油器控制电路没有反馈信号,该电路是否出现断路和短路故障,故障自诊断系统对输出的信号电压进行监测,当判断该喷油器控制电路出现故障时,发出控制指令停止喷油器喷油,并将故障以故障代码的形式存储起来。

5.1.2 随车诊断系统

OBD 是 On-Board Diagnostics 的英文缩写,OBD 系统即为随车诊断系统。

1) OBD 系统的形式

OBD-Ⅰ系统称为第一代随车诊断系统,OBD-Ⅰ系统以"发动机检查"灯来显示"闪烁代码",其主要特点是不同汽车制造商的诊断插座的规格及故障代码的含义不相同。对于综合性维修厂来说,用通用型解码器来读取故障代码是不可能的。

OBD-Ⅱ系统称为第二代随车诊断系统,是由美国汽车工程师协会 SAE 和加州环保组织

CARB 提出的,统一了汽车故障自诊断的各项技术指标。该规范有 3 种形式:SAE J1850 PWM、SAE J1850 VPW、ISO 9141-2。目前,OBD-Ⅱ系统的故障诊断规范已被全世界大多数国家接受,其主要特点是能大范围地监测发动机电控系统工作情况,几乎监控每个可能影响车辆排放性能的组件并将相关故障代码及状况存储到存储器中。当 OBD-Ⅱ系统探测到一个问题,并在稍后的一个行驶循环不止一次探测到此问题,则 OBD-Ⅱ系统使仪表板上的"发动机检查"灯亮起以警告驾驶人存在故障。

2)OBD-Ⅱ系统的具体要求

(1)规范诊断插座。汽车按标准装用统一的 16 端子诊断插座,如图 5-2 所示,并将诊断插座安装在驾驶室仪表板下方。

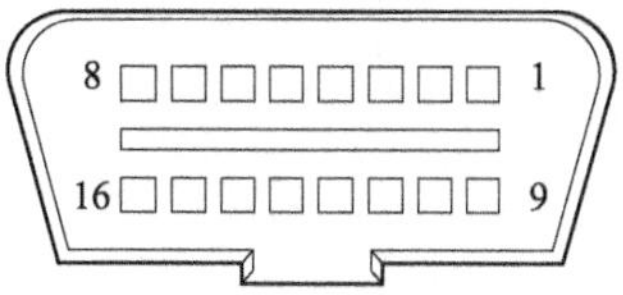

(2)数据传输功能。OBD-Ⅱ系统具有数据传输功能,并规定了两个传输线标准:欧洲统一标准(ISO 9141-2)规定数据传输用 7 端子和 15 端子,美国统一标准(SAE J1850)规定数据传输用 2 端子和 10 端子。

图 5-2 OBD-Ⅱ系统诊断插座

(3)行车记录功能。OBD-Ⅱ系统具有行车记录功能,能够记录车辆行驶过程的有关数据资料,能记忆和重新显示故障代码,可利用解码器方便、快速地调取或清除故障代码。

(4)规范诊断端子。不同品牌汽车 OBD-Ⅱ系统诊断端子的选用各不相同,但电源、搭铁等重要端子选用是相同的。OBD-Ⅱ系统诊断插座各端子功能见表 5-1。

OBD-Ⅱ系统诊断插座各端子功能　　　　　　　　　　　　　　表 5-1

端子	含义	端子	含义
1	供制造厂使用	9	供制造厂使用
2	SAE J1850 数据传输	10	SAE J1850 数据传输
3	供制造厂使用	11	供制造厂使用
4	车身直接搭铁	12	供制造厂使用
5	信号回路搭铁	13	供制造厂使用
6	供制造厂使用	14	供制造厂使用
7	ISO 9141-2 数据传输	15	ISO 9141-2 数据传输
8	供制造厂使用	16	接蓄电池正极

(5)采用相同的故障代码。统一的故障代码由一个英文字母和 4 个数字组成,其具体含义如图 5-3 所示。SAE 指定与动力传动系统相关的故障代码(DTC)以字母"P"开头,与车身相关的故障代码(DTC)以字母"B"开头,与底盘相关的故障代码(DTC)以字母"C"开头。

3)OBD 系统的监控

OBD-Ⅱ系统在每个行驶循环内都必须监控一次某些组件/系统,而其他控制系统(如断火探测)必须永久监控。一个"行驶循环"包括发动机冷机起动、动态行驶、怠速、匀速行驶、发动机熄火等。

(1)永久监控。永久监控是指起动后根据温度立即进行系统监控,当出现故障时,故障指示灯立即亮起。永久监控包括断火探测,燃油系统喷射持续时间及所有与排放相关的电路、组件和控制系统。

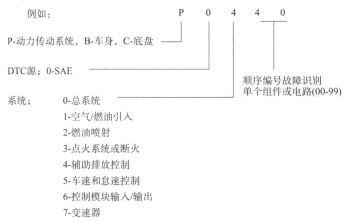

图 5-3　故障代码的含义

（2）周期性监控。周期性监控是指每个行驶循环内监控一次系统，这样只有在完成相应运行条件后才存储一个故障。因此发动机短暂起动然后熄火时不可能进行检查。周期性监控包括氧传感器功能、二次空气喷射系统、三元催化转化器功能效率、燃油蒸气控制系统。

周期监控需要在完成一个行驶循环后才能起到监控作用，因此在发动机电控系统维修后，要通过读取 OBD 就绪代码查询车辆是否已经成功完成了一个行驶循环。

5.2　发动机电控系统故障诊断与检修方法

5.2.1　发动机电控系统故障诊断方法

1）发动机电控系统故障类型

（1）按故障存在的时间分类。

①间歇性故障。间歇性故障是指故障症状是间断性发生的，受故障条件的影响有时存在、有时又自动消失的故障。如插接器松动引起的故障，车辆在振动时故障会出现、当振动消失后故障也随着消失。

②永久性故障。永久性故障是指故障症状一直存在，不进行检修就无法恢复发动机正常运行的故障，如传感器或执行元件损坏等故障。

（2）按故障发生的快慢分类。

①突发性故障。突发性故障是指不能预测突然发生的故障，此类故障的特点是具有偶然性，如点火线圈损坏等。

②渐发性故障。渐发性故障是指由于零部件的磨损、疲劳、变形、老化等现象逐渐发展而形成的故障，它的特点是发生的概率与使用时间有关，渐发性故障只在产品有效寿命的后期才明显地显示出来，并能通过早期的检测诊断来预测，如火花塞烧蚀等。

（3）按故障发生的原因分类。

①人为故障。人为故障是指由于制造或维修时使用了不合格的零件、装配调整不当、使

用中违反操作规程等原因引起的故障。

②自然故障。自然故障是指在使用期间,由于不可抗拒的自然原因而引起的故障,如正常情况下的磨损、腐蚀、变形、老化等造成的故障。

(4)按故障发生的部位分类。按故障发生部位的不同,故障可分为传感器故障、执行元件故障、线路故障和 ECU 故障等。

2)发动机电控系统故障诊断基本原则

发动机是一个精密而又复杂的机器,其故障的诊断也较为困难。而造成发动机不工作或工作不正常的原因可能是发动机电控系统,也可能是发动机电控系统之外的其他部分的问题,故障检查的难易程度也不一样。如果能遵循故障诊断的一些基本原则,就可能以较为简单的方法快速而准确地找出故障部位所在,发动机故障诊断的基本原则可概括为以下几点:

(1)先外后内。在发动机出现故障时,先对发动机电控系统以外的可能故障部位进行检查。这样可避免本来是一个与发动机电控系统无关的故障,却对发动机电控系统的传感器、ECU、执行元件及线路等进行复杂且又费时费力的检查,即真正的故障可能是较容易查找到却未能找到的。

(2)先简后繁。能以简单方法检查的可能故障部位优先检查,比如直观检查最为简单,可以用看、摸、听等直观检查方法将一些较为明显的故障迅速地查找出来。

(3)先熟后生。针对发动机的某一故障现象,先对最可能出现故障的总成或部件进行检查,若没找到故障,再对其他不常见的总成或部件进行检查,这样做往往可以快速找到故障部位,省时省力。

(4)故障代码优先。发动机电控系统都具有故障自诊断功能,当发动机电控系统出现故障时,故障自诊断系统就会立刻监测到故障并通过报警指示灯向驾驶人发出报警,与此同时以故障代码的方式储存该故障的信息。具有故障代码的故障,应根据故障代码指示的范围优先进行检查。

(5)先思后行。在检修发动机电控系统时,切不可盲目地对故障进行检查,要先对故障现象进行分析,在故障分析的基础上再进行故障检查。这样,既不会对与故障现象无关的部位作无效的检查,又可避免对一些关键部位的漏检而不能迅速排除故障的现象发生。

(6)先备后用。先备后用是指在检修车辆时,应准备好检修车型的有关检修数据资料。如果没有足够的资料,可以利用与检修车型相同的无故障车辆,对其相关系统的有关参数进行测量,作为检测比较标准参数,尽量避免采取新件替换的方法。

3)发动机电控系统故障诊断方法

故障诊断的方法很多,但要"快而准"地诊断汽车故障,专业人员需要具有丰富的经验和扎实的专业知识,同时还必须选择正确的诊断方法。故障诊断按采用手段的不同,可分为直观诊断、故障自诊断系统诊断、简单仪表诊断和专用诊断仪器诊断等。

(1)直观诊断。直观诊断就是通过人的感觉器官对汽车故障现象进行看、问、听、试、闻等,了解和掌握故障现象的特点,通过人的大脑直观进行分析、判断得出结论的诊断方法。直观诊断方法根据诊断者的经验和对诊断车辆的熟悉程度,在运用的范围上有很大的差别。

经验丰富的诊断专家,可以利用直观诊断方法诊断出发动机可能出现的绝大多数故障,包括对确定故障性质的初步诊断和确定具体故障原因的深入诊断。直观诊断的主要内容如下:

①看。即目测检查,通过目测检查可以发现线束插头是否存在连接松动,管路松脱、总成部件外部损坏等直观故障。

②问。为了迅速地检查故障源,首先必须了解故障现象出现时的情形、条件、如何发生及是否已检修过等与故障有关的情况和信息。为此,维修人员必须认真听取客户对故障现象的描述,然后能对车辆故障作出初步诊断。

③听。主要是听发动机工作时的声音:有无爆震、有无敲缸、有无漏气、有无排气管放炮等。

④试。主要是维修人员根据前述检查,有针对性地试车,以便进一步确认故障。

⑤闻。车辆中使用的液体如果泄漏,或多或少会有些气味,可通过闻气味的方法发现是否存在泄漏故障。

(2)故障自诊断系统诊断。故障自诊断系统诊断是利用故障自诊断系统调取发动机电控系统的有关故障代码,然后根据故障代码表的提示,找到故障部位并查出故障原因。

(3)简单仪表诊断。就是利用常见的仪器仪表设备,对发动机电控系统的故障进行诊断的方法。这种诊断方法简单,但要求维修人员必须熟悉发动机电控系统的结构、线路及其工作原理,才可能取得满意的诊断效果。常用的仪器仪表设备包括万用表、示波器、发动机综合分析仪、尾气分析仪、烟雾测试仪、油压表、真空表和汽缸压力表等。

(4)专用诊断仪器诊断。由各品牌汽车制造厂家提供的专用诊断仪器对汽车故障的诊断十分有效,可根据故障代码自动生成检测流程查找出故障,维修人员只需按诊断流程执行即可。

当遇到出现故障而没有故障代码的情况时,最为可行的办法就是使用专用诊断仪器进行数据流检测,分析发动机电控系统静态或动态数据状况,从而找出故障所在部位。常用数据流分析方法有以下几种:

①数值分析法。数值分析是对数据的数值变化规律和变化范围的分析。在发动机电控系统运行时,ECU 以一定的时间间隔不断地接收各传感器传送的输入信号,并向各执行元件发出控制指令,对某些执行元件的工作状态还根据相应传感器的反馈信号加以修正。通过对实际检测数值和标准数值的比较,可以直观地判断故障所在部位。

②时间分析法。时间分析是对数据变化的频率和变化周期的分析。ECU 在分析某些数据参数时,不仅要考虑传感器的数值,而且要判断其响应速率,以获得最佳效果。氧传感器的信号分析常采用此法。

③因果分析法。因果分析是对相互联系的数据间响应情况和响应速度的分析。各系统的许多控制参数是有因果关系的。ECU 根据得到的一个输入信号发出一个输出控制指令信号,在认为某个过程有问题时可以将这些参数连贯起来观察,以判断故障所在部位。

④关联分析法。关联分析是对互为关联的数据间存在的比例关系和对应关系的分析。ECU 对故障的判断通常是根据几个相关传感器信号的比较,当发现它们之间的关系不合理时,会给出一个或几个故障代码。但并不能判断该传感器不良,而要根据它们之间的相互关

系作进一步的检测,才能得到正确的结论。

⑤比较分析法。比较分析是对相同车型及系统在相同条件下的相同数据组进行的分析,在没有足够的详细技术资料和详尽的标准数据、无法很正确地断定某个器件的好坏时采用。此时可与同类车型或同类系统的数据加以比较。在检修中使用替代法进行判断,也是一种简单的方法,但在替代之前应做一定的基本诊断,在基本确定故障趋势后,再替换被怀疑有问题的器件。对间歇性故障出现瞬间的某个或某几个数据值变化的对比分析,可以比较容易地诊断出故障原因。

4)发动机电控系统故障诊断流程(举例)

(1)发动机无法起动故障诊断流程。

①故障现象。起动机不运转而发动机无法起动,或起动机运转而发动机无法起动。

②故障原因。对于起动机不运转导致的发动机无法起动故障,主要应检查蓄电池、起动控制线路、起动机本身、起动条件、发动机 ECU 和起动授权相关的 ECU。对于起动机运转而发动机无法起动故障,主要应检查发动机电控系统和发动机机械系统两个方面。发动机电控系统主要检查电控燃油喷射系统、电控点火系统、进气控制系统、与起动相关传感器及线路等,发动机机械系统主要检查正时系统、进气系统和排气系统等。

③诊断流程。发动机无法起动故障可按图 5-4 所示的诊断步骤进行排除。

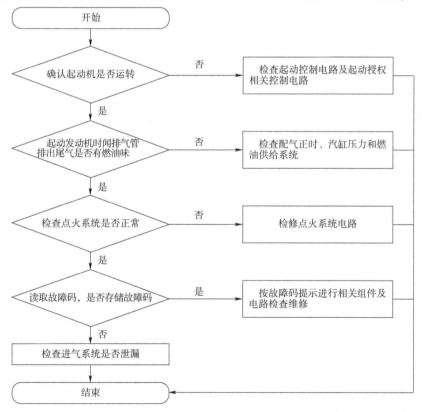

图 5-4　发动机无法起动故障诊断流程

(2)发动机运行不稳故障诊断流程。

①故障现象。发动机运行不平稳。发动机运行不稳主要包括怠速运转不稳、加速不良、传感器信号故障引起的发动机故障灯点亮等。

②故障原因。发动机运行不稳故障归结起来主要是由燃油供油系统故障、电控点火系统故障、进气系统泄漏、传感器损坏、ECU问题、汽缸压力不正常、排气系统不通畅等所引起的。

③诊断流程。发动机运行不稳故障可按图5-5所示的诊断步骤进行排除。

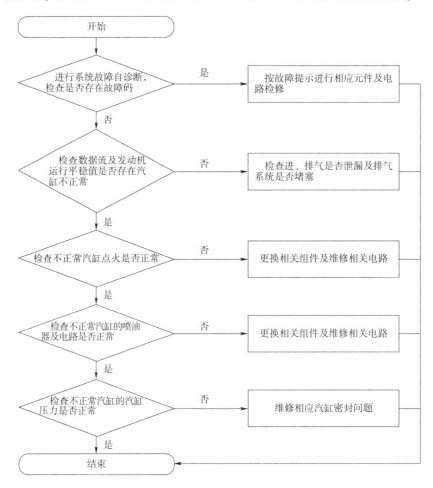

图5-5 发动机运行不稳故障诊断流程

5.2.2 发动机电控系统故障检修方法

1)发动机电控系统检修注意事项

检修发动机电控系统时,维修人员应注意以下几点:

(1)发动机在发生故障时,切不可盲目拆检,首先要确定是机械故障还是电控系统故障,确定之后再进行下一步检修。

(2)线路连接不良是导致发动机电控系统出现故障的常见原因,要仔细检查各线束插接器是否有油污、潮湿、松动等情况,特别检查是否存在电子元件的受潮、油污和剧烈振动。

(3)不要随意断开蓄电池负极电缆,以免丢失已存储的故障信息。

(4)在点火开关接通时,不允许拆开任何12V电器装置(如蓄电池、怠速控制阀、喷油器、点火装置等)的连接线路,以防止电器装置中的线圈自感作用产生的瞬时电压损坏ECU或传感器。

(5)在检修过程中,需拆开线束插接器时,应注意各车型线束插接器的锁扣形式,不可盲目用力硬拉。安装时应注意将插接器插接到位,并将锁扣锁住。

(6)在拆卸燃油供给系统作业前,应释放燃油供给系统残余压力,断开蓄电池负极电缆,准备好灭火器。

(7)在对发动机电控系统的电路或元件进行检查时,要正确使用工具和检测仪器。万用表必须使用高阻抗数字型万用表。

2)发动机电控系统故障检修一般程序

(1)故障现象的确认。

①核实客户抱怨。询问客户故障发生前后的情况,是否是偶发故障,故障出现的频率,是否已经进行过相关检修,是否是行驶性相关故障,如果是行驶性相关故障,需要进行路试核实客户描述的故障出现条件。

②检查控制信息。检查仪表板上的故障报警灯点亮情况,显示屏上的检查控制信息、车辆功能的异常情况,这些对接下来的故障分析很有帮助。

(2)故障原因分析。故障原因分析实际上是根据对故障现象的确认,通过进一步分析故障产生的原因,为接下来的故障隔离找到突破方向。首先通过故障自诊断功能读取故障代码,如果有故障代码,仔细查询故障代码产生的条件、时间、里程、频率等细节信息,根据故障代码的提示进行诊断检修。如果没有故障代码,可通过ECU的诊断查询读取相关数据流作为故障分析参考,根据故障现象制订相应的检测计划。

(3)故障隔离。故障隔离的过程实际上是根据制订的检测计划进行故障排除的过程,在故障隔离的过程中,尽量做到先进行系统隔离,再进行部件隔离,最后通过测量检测的方法确定故障部位。

①系统隔离。系统隔离就是通过简单的检查和测量进行故障分析,先确定故障出现在哪个系统,是把故障范围缩小的过程。比如通过听电动燃油泵运转声音来判断故障是否是油路控制故障引起的,通过测量点火波形来判断故障是否是由电控点火系统引起的。有时也可以通过让怀疑的系统退出工作状态进行判断,比如通过拔掉节气门控制单元插头,看看故障现象是否消失,如果故障现象消失,则故障是由节气门控制系统引起的。

②部件隔离。通过系统隔离锁定故障范围后,下一步需要进行部件隔离找到故障点,可以通过对执行元件测试的方法进行部件隔离,当执行元件能正常工作时,就会排除部件和电路故障,故障范围就会缩小到输入信号范围,下一步通过具体的检测和测量就能够判断出具体的故障点。

③测量检测。测量检测是故障隔离的最后一步,通过万用表和示波器等设备进行具体

的测量来判断故障点及故障类型。如果元件性能好坏无法判断时,需用确认正常的元件进行替换时,必须特别小心。在替换模块前,要确认模块的所有线束是否正常,短路的线束或者有问题的执行元件会损坏本来正常的零件。

(4) 故障检修。确定故障点后,接下来就是遵循维修手册的指导,遵循电路维修或更换的特定要求,对故障进行检修。更换零件后进行适当的调整,必要时进行设码、编程和初始化。

(5) 确认故障检修。确认故障检修是对故障检修的结果进行检查,需要删除故障代码,路试车辆检查是否有再次出现的故障代码,必要时清除调校值。再次检查零件的安装,确认没有漏装螺栓等现象,进行终检并记录检查。

思考题

(1) 简述发动机故障自诊断系统的功能。
(2) 简述发动机故障自诊断系统的内容。
(3) 简述 OBD-Ⅱ系统的具体要求。
(4) 简述发动机电控系统的故障类型。
(5) 发动机电控系统的故障诊断基本原则是什么?
(6) 简述发动机无法起动故障诊断流程。
(7) 简述发动机运行不稳故障诊断流程。
(8) 简述发动机电控系统检修注意事项。
(9) 简述发动机电控系统故障检修一般程序。

参 考 文 献

[1] 冯渊.汽车电子控制技术[M].北京:机械工业出版社,2011.
[2] 明光量,李晗.汽车发动机电控系统原理与检修一体化教程[M].北京:机械工业出版社,2018.
[3] 李百华.汽车发动机电控技术[M].北京:人民邮电出版社,2009.
[4] 黄艳玲.汽车发动机电控系统检修[M].北京:北京理工大学出版社,2015.
[5] 邹长庚.现代汽车电子控制系统构造原理与故障诊断[M].北京:北京理工大学出版社,2011.